세계자연유산해설사의 눈(眼)으로 바라본

이게 성산이다

세계자연유산해설사의 눈(眼)으로 바라본

이게 성산이다

발행 2025년 11월 17일
지은이 고수향
펴낸이 모두출판협동조합(이사장 이재욱)
펴낸곳 모두북스
디자인 최남식

모두북스 등록일 2017년 3월 28일 등록번호 제2013-3호
주소 서울 도봉구 덕릉로 54가길 25 (창동 557-85, 우 01473)
전화 02)2237-3301, 02)2237-3316 팩스 02)2237-3389
이메일 seekook@naver.com
ISBN 979-11-89203-65-8

*책값은 뒤표지에 씌어 있습니다.

세계자연유산해설사의 눈(眼)으로 바라본

이게 성산이다

(사)쥗토래비 이사
세계자연유산해설사 二수향 지음

MODOOBOOKS

성산일출봉 정상에서 바라본 제주 본섬의 모습

섬(島)이 곧 한라산이고, 한라산이 곧 제주섬이다.
'하늘이 열린 날 성산일출봉 정상에 올라 바라본 제주 본섬의 모습'
한라산이 섬의 가운데 우뚝 솟았고,
섬의 왼쪽바다와 오른쪽바다가 한눈에 보인다.
이런 모습을 볼 수 있는 곳은 성산일출봉뿐이다.

산에 올라 산의 모습을 보았는가?
성산에 오르니 성산의 모습은 오간데 없고,
제주 본섬의 모습이 한눈에 보이누나.
성산을 오르며 제주 본섬을 바라보며 야~ 성산 아름닳다- 하는 것이다.
"이게 성산이다."

성산일출봉 정상에서 바라본 성산낙조 城山落照 의 모습

섬(島)이 곧 한라산이고, 한라산이 곧 제주섬이다.

'성산일출봉 정상에서 바라본 낙조의 모습'

해는 제주섬을 좌우로 오가며 한라산과 오름 숲 사이로 자기의 모습을 감춘다. 땅속으로 모습을 감추니 제주는 대륙의 땅이다.

해는 한라산을 좌우로 오가며

일 년에 두 번 백록담 속으로 자기의 모습을 감춘다.

"이게 성산낙조城山落照다."

제주 본섬의 벌겋게 물들었다. 노을이 완전히 모습을 감춘 후, 게으르게 성산을 내려오면 제주본섬의 야경은 더 게으르다.

성산에 들어가며

"섬島이 산山을 품었는가, 산이 섬을 품었는가?"

한라산을 6백여 번 오르며, 백록담을 3백여 번 올랐다. 한라산 둘레길을 10여 차례 완주하며 산이 품은 섬의 이야기를 들었다. 제주의 창조주 설문대할망이 만든 오름을 오르며 오름과 더불어 살다 간 선조들의 이야기를 들었다. 섬의 선조들은 오름에서 태어나, 오름에서 놀다, 오름에 묻히며 오름에 유택幽宅 도시를 만들었다.

제주의 아름다움은 오름이 만든 선線에 있다. 그 선의 아름다움을 볼 줄 알아야 제주의 아름다움이 보인다. 제주올레길을 10여 차례 완주하며 불과 물이 만든 선의 아름다움을 보았다.

"아! 섬島이 산山을 품었구나, 섬이 산보다 크구나."

섬이 곧 한라산이고, 한라산이 곧 제주 섬이다.

"제주는 산행山行을 해야 하는 산이 아니라, 섬행島行을 해야 하는 섬이다."

산을 오르는 산행은 정상에 오르는 목표가 있으나, 섬을 걷는 섬행은 섬에 있으니 그대로 섬행이다. 산행은 산을 만나는 것이고, 섬행은 섬을 만나는 것이다.

섬을 걸으며 제주 섬의 역사와 문화의 길을 찾아서 안내하는 '(사)질토래비'의 전문위원이 되었다. 2022년 가을 '제주 화산섬과 용암동굴'이라는 이름으로 UNESCO에 '세계자연유산'으로 등재된 세계자연유산의 핵심구역 성산일출봉을 알리는 '세계자연유산 해설사'가 되어 성산일출봉을 오르내리며 섬이

품은 성산의 이야기를 들려줬다.

　나는 성산을 몇 번 올랐는지 잘 모른다.

　어느 날은 성산에 와 제주 본섬의 모습을 보려고 하루에 다섯 번을 성산에 오른 적도 있다. 성산을 보려 성산에 오르는 게 아니라, 성산에 올라 제주 본섬의 아름다움을 보려 성산에 오르는 것이다. 성산에 오르면 성산의 모습이 보이지 않고, 성산 아닌 것을 보고 성산 아름답다고 하는 것이다.

　3년여 동안 5천 년 전 불火, 물水, 바람風이 지은 성산의 이야기, 터진목이 품은 제주 4·3의 이야기, 대륙의 땅으로 말馬을 실어 나르는輸 포구 수마포輸馬浦 이야기, 일제강점기에 성산일출봉 남쪽 해안에 뚫린 갱土 진지의 이야기를 들려줬다.

　성산은 지금으로부터 95년 전까지 제주 본섬과 바다를 사이엔 둔 섬이었다. 우도의 면적(6.18km²)에 5분의 1도 채 되지 않는 작은 섬(1.225km²) 성산. 역사는 지수화풍地水火風이 지은 자연의 역사가 있고, 자연이 지은 땅 위에 살아가는 생명들이 지은 역사와 문화가 있다. 불이 지은 화산섬 제주, 척박한 땅에 살아가는 생명들은 자기가 낳은 생명을 키우기 위해 신께 의지하며 1만 8천의 신들을 만들었다. 땅이 풍요로우면 대지는 풍요로운 역사와 문화를 낳고, 땅이 척박하면 대지는 한恨의 역사와 문화를 낳는다.

　"제주 섬의 신화와 설화, 한의 역사와 문화는 섬이 생긴 모습에 오롯이다."

　성산은 해수면의 높이가 지금과 같을 무렵, 5천 년 전 낮은 수심의 해저에서 수성화산으로 폭발하여 만들어진 수성화산체이다.

불이 솟으니 무한정의 바닷물이 불을 다스려 섬을 지었고, 겁劫의 세월 동안 바람이 갈무리해 성산을 만들었다. 그 흔한 용천수 한 방울 솟지 않는 성산은 아픈 한의 역사를 낳았다.

「1876년 조선 정부가 일본 정부와 맺은 〈강화도조약〉에 조선의 바다에서 일본인이 고기를 잡아도 좋다는 조항이 들어있다. 일본은 제주 바다를 침탈한다. 그들은 특히 제주 바다의 전복·해삼·해조류를 주목했다. 그들은 소위 머구리배라는 잠수기어선을 이용해 전복을 채취했는데, 깊은 곳까지 들어가 장시간 채취함으로써 제주 해녀들의 수확량보다 10배 이상을 잡아 올렸다. 수백 대의 일본 어선이 몰려와 마구잡이로 물고기를 잡아갔다.」*

태평양전쟁을 일으킨 일제는 일본과 가장 가까운 성산에 통조림 공장 등 군수공장을 지어 이곳에서 만들어진 군수물자를 실어 나르려 성산에 가장 먼저 항구를 건설하며 제주 본섬을 오가기가 불편해 광치기해변 바닷물이 오조 포구를 오가는 길목, 조선시대 병구瓶口라 불리던 터진목을 메워 제주 본섬과 이어진 길을 만들며 성산도城山島를 성산반도城山半島로 만드는 것이다.

태평양전쟁 패전이 확실해지자 일제는 일본 본토를 방어하기 위해 제주 섬 120여 곳에 700여 개의 갱도 진지를 만들며, 성산일출봉 남쪽 해안에 18개의 갱도 진지를 뚫어 해상 특공 진지를 만들어 자살 특공정 신요震洋 숨겨 놓았다.

1945년 해방되고, 1948년 제주 4·3이 발발하니 이 터진목에서 성산읍민

*『제주 바다의 슬픈 역사』 권무일 지음

210여 명이 서북청년단에게 학살을 당한다. 제주특별자치도는 터진목에 원통함을 풀려고 해解(풀 해) 원寃(원통할 원)의 문을 세워 놓았다. '해원解寃의 문門' 둥그런 원안에 이 터진목에서 학살당한 214명의 이름이 새겨져 있다. '제주 4·3 기록물'이 지난 4월 11일 UNESCO에 세계기록유산으로 등재되었다.

"성산은 제주 4·3과 작별하지 않았다."

성산은 주차장에 차를 세우고 1시간 만에 성산을 다녀가는 산행을 해야 하는 산이 아니라, 1박 2일 섬에 머무르며, 섭지코지를 걸으며, 광치기해변을 걸으며, 불이 바라춤을 춘 오조리 해안을 시나브로 걸으며 성산을 바라보아야 한다.

불火, 물水, 바람風이 지은 자연의 역사인 비경의 아름다움만 바라보면 관광이고, 그 대지가 낳은 그 땅 위에 살아가는 생명들이 낳은 신화와 설화, 한의 역사와 문화를 만나면 여행이다. 아무리 슬퍼도 꽃은 피고 새는 울 듯이 아픈 한의 역사도 세월이 흐르면 다 아름다운 것이다.

"관광은 보는 것見이고, 여행은 만나는 것遇이다."

관광의 눈目으로 바라보는 비경의 아름다움은 보면 볼수록 그 감흥이 덜하지만. 생각하는 눈, 사색의 눈, 여행의 눈眼으로 바라보는 제주의 비경은 보면 볼수록 더 아름답다. 제주는 관광觀光해야 하는 섬이 아니라 여행旅行해야 하는 섬이다.

"제주 목目으로 걷지 마라, 안이비설신의 眼耳鼻舌身意로 걸으라."

지금까지 제주는 성산을 보여주며 산을 오르는 산행山行만 하게 했다. 섬이 품은 신화와 설화, 역사와 문화를 만나는 섬행島行을 하게 해야 한다. 이제는 제주 여행의 패러다임이 바뀌어야 한다. 제주 여행의 일번지 성산이 제주 여행을 이끌고 가자.

성산은 1박 2일을 여행해야 하는 섬이다. 그 이야기를 글로 썼다.

"이게 성산이다."

제주에는 섬의 역사와 문화의 길을 찾아서 안내하는 비영리단체 (사)질토래비가 있다. '질토래비'는 '길을 찾는 사람', '길을 안내하는 사람'의 제주어이다. 필자를 사색의 눈, 생각하는 눈眼으로 섬을 바라볼 수 있게 인도를 해준 (사)질토래비 문영택 이사장님께 감사를 드린다.

이 책이 나오게끔 나를 인도해 준 세계자연유산 해설사 두 분이 계신다. 성산리 이장을 역임하시고, 성산의 많은 자료사진을 이 책에 제공해 주신 한원택 세계자연유산 해설사님과 고등학교 시절 나의 국어 선생님이셨고, 지금은 '천년의 숲, 비자림'에서 세계자연유산 해설사 활동을 하시는 부연배 선생님은 제자에게 많은 사랑과 용기를 주셨다. 두 분께 두 손 모아 감사를 드린다.

(사)질토래비 전문위원
세계자연유산 해설사 고수향

목차

이제 성산이다

'해원의 문'으로 바라본
성산일출의 모습

해원 解冤 의 문 門

역사는 지수화풍이 지은 자연의 역사가 있고. 자연이 지은 땅 위에 살아가는 생명들이 지은 신화와 설화, 역사와 문화가 있다.

자연이 지은 땅이 풍요로우면 그 땅 위에 살아가는 생명들은 풍요로운 신화와 설화, 역사와 문화를 만들고, 척박한 땅 위에 살아가는 생명들은 신께 의지하는 신화와 설화를 낳고, 한의 역사와 문화를 낳는다. 신화와 설화, 역사와 문화는 모두 자연이 지은 땅이 낳는 것이다.

지금으로부터 5,000년 전 낮은 수심의 해저에서 마그마가 솟으니, 무한정의 바닷물이 불을 다스려 섬을 지었고, 겁의 세월 동안 바람이 섬을 다듬어 성산을 지었다. 우도의 면적(6.18km²)에 채 5분의 1도 되지 않는 작은 섬(1.225km²) 성산은 제주 본섬과 떨어진 섬이었기에 그 작은 섬에 굴을 품을 수 없어 그 흔한 용천수 한 방울도 솟지 않는다.

조선시대 우도에는 1700년도 이전에 말을 키우기 시작했으나, 1800년대 초가 지나야 성산에 사람이 살기 시작했다고 한다.

무한정의 바닷물이 불을 다스려 지은 작은 섬 성산, "해원의 문"이 세워진 터진목은 광치기해변의 바닷물이 오조포 吾照浦를 드나드는 길목이었다.

일제강점기 1930년에 터진목이 메워져 성산도 城山島가 성산반도 城山半島가 되는 것이다.

1945년 해방이 되고, 1948년 제주 4·3이 발발하자 성산국민학교에 서북청년단이 상주하며 죄 없는 양민을 잡아 와 감자창고에서 무참히 고문하다 이 터진목에서 학살한다.

해원의 문, 둥근 원안에 무참히 학살당한 214명의 명단이 새겨져 있다. 성산은 제주 4·3에 땅의 면적률로는 가장 많은 사람이 학살당한 곳이다.

제주특별자치도는 제주 4·3 기록물을 세계기록유산으로 등재하려고 2023년 11월 30일 UNESCO에 공식 제출했다. 2025년 4월 2일부터 17일까지 UNESCO 본부가 있는 프랑스 파리에서 집행이사회가 열렸고, 4월 11일(한국 시간) 제주 4·3 기록물이 세계기록유산 등재가 최종 확정되었다.

그 원통함冤(원통할 원)을 풀려解(풀 해)고 제주특별자치도는 2024년 11월 5일 이곳에 해원의 문을 세워 놓았다.

성산은 아직 제주 4·3과 작별하지 않았다.

이른 아침 터진목에 찾아와 해원의 문으로 성산일출의 모습을 바라보고, 해질 무렵 다시 터진목에 찾아와 해원의 문으로 하루를 마감하는 성산낙조 城山落照의 모습을 바라보라.

"산山이 섬島을 품었는가, 섬이 산을 품었는가?"

"섬이 산을 품었으니, 성산은 산행山行을 해야 하는 산이 아니라. 섬행島行을 해야 하는 섬이다."

"산행을 하면 산을 만나고, 섬행을 하면 섬을 만난다."

"성산은 적어도 1박 2일 여행을 해야 하는 섬이다."

해원의 문으로 바라보이는 성산일출봉 위로 해가 솟아오른다.(2025년 4월 7일)

해가 모습을 감추면 '해원의 문'은 형형색색의 빛을 발한다. 해원의 문, 둥근 원안에 제주 4·3에 이 터진목에서 서북청년단에게 학살당한 214명의 이름이 새겨져 있다.

해가 모습을 감추면 '해원의 문'은 형형색색의 빛을 발한다.

"성산은 제주 4·3과 작별하지 않았다."

터진목에서 바라본 성산낙조의 모습(2025년 음력 4월 보름), 다랑쉬오름과 말미오름 사이로 해가 모습을 감추며 오조리 바다 연못에 풍덩 빠졌다. 노을의 윤슬은 아무리 바라보아도 눈이 부시지 않다.

해원의 문, 둥근 원으로 다랑쉬오름과 말미오름이 보인다.

해원의 문, 둥근 원으로 바라보는 성산 월출(2025년 음력 4월 보름)의 모습. 성산은 적어도 1박 2일 여행을 해야 하는 섬이다.

"성산을 아는가, 성산을 보았는가?"

"이게 성산이다."

　제주 4·3에 터진목에서 학살당한 214명의 명단이 해원의 문, 둥근 원안에
새겨져 있다.

　과거가 현재를 돕고, 죽은 자가 산자를 구한다고 한강 작가는 이야기했다.
이 해원의 문은 성산을 다시 이야기할 것이다.

"성산을 아는가, 성산을 보았는가?"

"이게 성산이다."

해원의 문으로 바라보는
성산낙조의 모습

해원의 문으로 바라보는
성산월출의 모습

터진목에서 바라본
성산낙조의 모습

붉게 물든 해원의 문

이제 성산이다

광치기해변 너럭바위 하늘
연못에 빠진 성산일출봉

이게 성산이다

성산에 올라 성산의 모습을 보았는가.

성산에 오르면 산의 모습은 보이지 않고 해를 담을 만큼 큰 굼부리(분화구)의 모습만 보이는 산은 지상에 성산뿐이다. 나는 지금 성산에 올라 한라산의 굼부리, 백록담보다 더 큰 굼부리의 모습을 바라보며 "야~ 성산 아름답다!" 외치고 있다. 아무도 침범할 수 없는 성城의 모습을 한 굼부리, 180여 미터 높이 절벽의 모습을 한 성城이 떠받치고 있으니, 산의 이름이 성산城山이다. 산山의 모습이 성城의 모습 닮지 않았는가.

성산을 오르며 성산의 모습을 보았는가.

에펠탑 아래 서면 에펠탑의 모습이 보이지 않듯 성산에 들면 성산의 모습은 보이지 않는 것이다. 제주 섬 가운데 우뚝 솟은 한라산과 한라산 북동쪽 수백 개의 오름, 그리고 현무암의 용암이 지은 해안선의 아름다움을 바라보며 "야~ 성산 아름답다!"라고 말하고 있다. 내가 서 있는 곳이 성산이니 지금 내 눈에 보이는 것이 모두 성산이다. 산의 모습이 성의 모습 닮은 성산의 모습은 성산을 내려와야 성산의 모습이 보이는 것이다.

5천 년 전 지구의 환경이 지금과 비슷할 무렵, 낮은 수심의 해저地에서 마그마火가 솟으니, 무한정의 바닷물水이 불을 다스려 섬을 지었고, 겁劫의 세월 동안 바람風이 섬을 다듬어 성산을 지었다.

성산의 생긴 모습이 궁금하면 섬을 어떻게 지었는지 불火과 물水에게 그 사연을 묻고, 겁의 세월 동안 그 섬을 다듬은 바람風에게 그 사연을 들으라. 역사는 지수화풍地水火風이 지은 자연의 역사가 있고, 자연이 지은 땅 위에 살아가는 생명들이 지은 신화와 설화, 역사와 문화가 있다.

화수풍火水風이 지은 성산일출봉 응회구가 눈에 보이는 유형의 자연유산이라면, 눈目에 보이지 않는 신화와 설화는 제주 섬의 무형유산이고, 역사와 문화는 기록유산이라 할 수 있다.

제주를 여행하며 비경의 참 아름다움을 보려면, 그 비경이 품고 있는 무형유산과 기록유산을 만나야 자연유산의 아름다움이 눈眼에 보인다는 것을 알아야한다. 화수풍이 지은 제주 섬은 유형의 아름다움만 보는 관광객의 마음으로 섬을 바라보지 말고, 신화와 설화, 역사와 문화를 만나는 여행자의 마음으로 제주 섬을 바라보라.

불이 물을 만나 바라춤을 추며 섬을 만드니, 바람이 다듬은 제주 섬은 섬의 생긴 모습에 신화와 설화, 역사와 문화가 오롯이 숨어있다.

번개처럼 성산 정상에 올라 성산을 보았다는 산행山行을 하지 말고, 적어도 1박 2일 성산을 여행하며 성산 남서쪽 해안에 말馬을 실어 나른輸 포구浦, 수마포輸馬浦의 역사를 만나라.

고려시대 원나라는 탐라를 101년 동안(1273년~1374년) 지배를 하며 수산평 탐라목장에서 길러진 말들을 이 수마포를 통해 머나먼 대륙의 땅으로 가져갔다. 조선시대 바다 건넌濟 고을州 제주濟州의 역사를 만나고, 일제강점기 태평양전쟁을 일으킨 일제가 일본 본토를 방어하기 위해 성산일출봉 남쪽 해안에 자살 특공정 신요震洋를 숨겨놓기 위해 뚫은 18개의 갱도 진지를 만나고, 제주 4·3이 발발하니, 터진목에서 서북청년단에 의해 무참히 학살당한 양민의 울음소리를 만나야 성산이 보인다.

비경의 참 아름다움은 땅이 품고 있는 신화와 설화, 역사와 문화를 만나야 비경의 아름다움이 눈眼에 보이는 것이다.

1 이게 성산이다. 항공 촬영 사진을
Mobile(테블릿 PC)로 그린 Mobile
ART다. 한라산의 모습이 웅장하다.

"제주, 目으로 걷지 마라. 안이비설신의 眼耳鼻舌身意로 걸으라."

광치기해변 검은 현무암의 돌 모래와 간조干潮시간에 모습을 드크낸 수천 평의 너럭바위 위를 맨발로 걸으며 한恨의 역사를 디겨낸 성산일출봉을 바라보고, 광치기해변(추ㆍ동절기)과 우도 전망대(춘ㆍ하절기)에서 수평천 위로 떠오르는 제주의 제1경 성산일출城山日出 을 바라보고, 해 질 무렵 성산일출봉 정상에 올라 한라산과 오름 숲 사이로 모습을 감추는 성산낙조城山落照의 모습을 바라보라. 한라산과 오름 숲 사이로 해가 모습을 감추지만, 성산에서 타라보았으니 성산낙조이다.

상부 응회구

중부 응회구

하부 응회구

세 번의 화산폭발로 만들어진 성산,
썰물시간에 모습을 드러낸
광치기해변 너럭바위 하늘 연못에
빠진 성산일출봉

섭지코지에서 제주 섬을 동해로 끌고 가려 범선의 모습을 띠고 있는 성산과 우도의 모습을 바라보고, 현무암의 파호이호이 용암이 불의 춤을 추며 만들어 놓은 오조리 바다 연못, 그 연못을 싸고도는 오조리 해안을 걸으며 빌레(너럭바위) 위에 바닷물이 시냇물처럼 졸졸졸 흐르는 소리를 들어보라.

제주의 창조주 설문대할망은 성산을 다 지어놓고 가까운 곳에 바우오름(식산봉)을 지어 그 오름에서 성산을 다듬었다. 성산은 적어도 1박 2일 섬행島行을 해야 하는 섬이다.

"관광객의 눈目으로 성산을 보았는가. 이제 여행자의 눈眼으로 성산을 바라보라."

자! 지수화풍이 지은 자연의 역사를 이야기하고 성산을 여행하자.

「제주도에 분포하는 360여 개의 오름은 대부분 육상에서 분출하여 가스를 많이 품은 용암이 공중으로 날아올라 잘게 부서진 뒤 굳어져 떨어진 쿤석(스코리아, scoria)이 쌓여 만들어진 '분석구噴石丘'이다.

이 분석을 제주에서는 '송이'라고 한다. 제주에 있는 360여 개의 오름 중 20여 개의 오름은 화산이 폭발할 때, 마그마가 지하수와 바닷물을 만나면서 발생하는 폭발적 분출로 형성된 수성화산체이다.

이 과정에서 뜨거운 마그마(1,000℃ 이상)가 물과 접촉하면, 순간적으로 수증기가 발생해 강력한 폭발을 일으키고, 이것으로 인해 화산재와 화산쇄설물이 넓게 퍼지며 독특한 형태의 화산체가 만들어진다.

수성 화산 활동은 마그마가 물을 만나 발생하는 폭발적 분출로 이 과정에서 '응회환凝灰環(tuff ring)과 응회구凝灰丘(tuff cone)가 만들어진다. '응회환'은 깊은 수심에서 폭발하여 마그마와 물의 양이 비슷할 때, 완전히 젖지 않은 화산쇄설물이 수평으로 넓게 퇴적이 되어 경사가 완만(15° 이내)하고, 산 자체의 높이가 낮게(50∼100미터 미만) 만들어진다.

반면 '응회구'는 낮은 수심에서 폭발하여 마그마 대비 물의 양이 풍부할 때. 축축하게 젖은 화산쇄설물이 수직으로 쌓이며 산 자체의 넓이는 좁지만, 경사가 가파르고(30° 이상) 높게(100∼300미터 이상) 쌓이게 되는 것이다. 제주 섬의 서쪽에 있는 수월봉과 송악산은 대표적인 '응회환'이고, 성산일출봉과 두산봉, 우도의 쇠머리오름은 대표적인 '응회구'이다.

지금으로부터 약 5,000년 전 낮은 수심의 해저에서 폭발하며 무한정의 바닷물을 만나 폭발한 성산일출봉은 산 자체의 높이가 180m이고, 분화구의 깊이는 90m이다. 화산이 폭발할 때, 부서진 화산쇄설물이 흘러내리지 않고 쌓일 수 있는 최대 각을 '안식각'이라고 하는데, 일반적인 퇴적물의 최대 안식각은 35° 정도다. 그러나 성산일출봉의 응회암층들이 보여주는 지층의 경사는 최대 45°에 달한다. 무한정의 바닷물이 불을 다스린, 축축하게 젖은 화산재로 산을 지었기 때문이다.

성산일출봉은 최근까지 하나의 분화구로 이뤄진 단순한 형태의 응회구로 생각되어 왔으나, 재조사를 통해 침식면에 의해 세 개의 지층 단위로 나뉘어져 있음이 밝혀졌다.

침식면이란 바람이나 파도, 비 등의 영향으로 지층이 깎여 만들어진 면이다.

성산일출봉 응회구는 화산 전체를 가로지르는 대규모의 침식면을 지니고 있으며, 이를 경계로 성산일출봉을 세 개의 응회구층(하부, 중부, 상부)으로 구분할 수 있다. 세 번의 수성화산 분출로 지금의 성산일출봉이 만들어진 것이다.

성산일출봉은 처음 화산분출이 멈추고 그 기간 중 화산체의 침식과 붕괴가 일어났으며, 그 이후 재차 분화해 지금의 모습이 되었다는 것을 알 수 있다고 한다. 성산일출봉은 가까운 해저에 다른 분화구가 존재한다는 사실이 2012년 논문에서 처음으로 제기되었다. 이후 제주도세계유산본부와 제주대학교 등 연구진이 정밀 해저지형 탐사와 해상 시추 조사를 실시해 실제 해저 분화구의 위치와 존재를 확인했다. 이 연구 결과는 2024년 9월호 '지질학회지(The Journal of the Geological Society of Korea)'에 게재되었다.

지금의 성산일출봉을 만든 첫 번째 화산분출은 현 분화구로부터 600미터 떨어진 동쪽 해저에서 시작이 되었다. 현재의 응회구와 거의 비슷한 크기의 응회구가 만들어진 후 화산활동이 잠시 멈추었다. 몇 주 또는 몇 달 동안 화산분출이 멈추고 응회구 전체가 부분적으로 붕괴 또는 침식이 일어나 하부 응회구, 하부 침식면이 만들어졌다. 분출이 멈추었던 동안 화도의 마그마가 굳어버려 통로가 막혀 기존의 화도를 통해 다시 분출할 수 없었다. 두 번째, 세 번째 분출은 첫 번째 분출 지점에서 약 600미터 서쪽 위치의 새로운 지점에 새로운 통로를 만들어 분출할 수밖에 없었다.

중부 응회구 층과 상부 응회구 층은 새로운 통로를 찾아 분출한 화산쇄설물이 쌓인 것이다. 두 번째 화산분출 시에도 잠시 분출이 멈추고 침식과 재동작용이 일어났으나 휴지기가 짧아 상부 응회구 층을 만든 세 번째 마그마는 두 번째 마그마가 올라온 통로를 따라 분출할 수 있었기 때문에 화구 이동은 일어나지 않았다.

성산일출봉은 세 번의 화산폭발로 만들어진 수성화산체이다.

성산일출봉이 분출한 5,000년 전에는 해수면의 높이가 현재와 같았음을 알 수 있다고 한다. 성산일출봉의 남서쪽 해안에는 분출 당시, 즉 5,000년 전의 해수면의 높이를 알 수 있는 구조가 관찰된다.

위쪽에는 해수면 위에서 화산재와 화산력이 쌓여 만들어진 지층과 '탄낭구조'가 아래쪽에는 얕은 바닷속에서 화산쇄설물이 파도에 씻기며 퇴적됐음을 보여주

해수면 위쪽 화산재와 화산력이 쌓여
만들어진 지층

해수면의 높이

해수면의 높이

해수면 아래쪽 화산쇄설물이 파도에 씻기며
퇴적됐음을 보여주는 '사층리 구조'

1 5,000년 전의 해수면의 높이를
나타내는 퇴적암의 모습, 마그마가
솟아 오르며 물을 만나 부글부글
끓은 모습이 관찰된다.

는 '사층리 구조'가 함께 나타난다. 이 두 구조의 경계는 성산일출봉 형성 당시 해수면의 높이로 보인다는 것이다. 그 높이가 지금의 만조 시 해수면의 높이와 일치한다고 한다.

성산일출봉은 현재와 같은 얕은 바닷속에서 분출하였으며, 성산일출봉의 대부분은 해수면 위에 쌓였다는 사실을 나타내고 있다. 성산일출봉은 형성될 당시 거대한 화산체였다.

그 거대한 화산체가 바람의 힘을 실은 파도에 의해 침식작용을 받았다. 이를 통해 깎여나간 화산쇄설물은 파도와 해류에 의해 둥글게 마도되고 여러 종류의 조개화석과 함께 주변 해안에 쌓여 퇴적층을 만들었다. 이 퇴적층은 성산반도의 바닷가를 따라 섭지코지로 이어지며 '신양리층'을 이룬다. 신양리층의 퇴적으로 인해 성산일출봉은 제주도와 연결될 수 있었다. 신양리층 퇴적 이전에는 성산리는 성산을 품은 하나의 작은 섬이었다.

신양리층은 바다를 향해 완만하게 경사진 여러 겹의 얇은 지층으로 이뤄져 있다. 신양리층에 포함된 조개화석은 3,500년에서 5,000년 사이의 연대를 보여준다고 한다. 성산일출봉이 약 5,000년 전에 분출했고 신양리층의 퇴적은 그 후 약 1,000년에 걸쳐 일어났음을 의미한다. 신양리층은 성산일출봉 형성 전후의 해양 환경을 알려주는 중요한 지층이다. *

신양리층

"섬에 사는 섬사람이 섬을 잘 볼 줄 모르니, 섬을 잘 보여줄 줄도 모른다."

"산山이 섬島을 품었는가, 섬이 산을 품었는가? 섬이 산을 품었으니, 성산은 한 시간 동안 산행山行을 해야 하는 산이 아니라, 적어도 1박 2일 섬행島行을 해야 하는 섬이다."

"산행을 하면 산을 만나고, 섬행을 하면 섬을 만난다."

"이게 성산이다."

성산에 오르면 산의 모습은 보이지 않고 한라산 백록담의 굼부리(분화구)보다 더 큰 굼부리의 모습만 보인다. 성산에 오르며 한라산과 한라산 북동쪽의 오름을 바라보며 "야 성산 아름답다!"라고 것이다. 성산의 모습은 성산을 내려와야 보인다. 성산일출봉 굼부리에 앉아 한라산 백록담(≒200,000㎡)의 면적보다 더 넓은 성산의 굼부리(≒204,000㎡)를 바라보고 있다.

약 5,000년 전 낮은 수심의 해저에서 수성화산 분출로 만들어진 성산의 모습, 무한정의 바닷물을 만나 축축이 젖은 화산쇄설물이 높이 쌓여 응회구를 만들었다.

성산일출봉의 남서쪽 해안에는 분출 당시, 즉 5,000년 전의 해수면의 높이를 알 수 있는 구조가 관찰된다. 위쪽에는 해수면 위에서 화산재와 화산력이 쌓여 만들어진 지층과 '탄낭구조'가, 아래쪽에는 얕은 바닷속에서 화산쇄설물이 파도에 씻기며 퇴적됐음을 보여주는 '사층리 구조'가 함께 나타난다. 이 두 구조의 경계는 성산일출봉 형성 당시 해수면의 높이로 보인다는 것이다. 그 높이가 지금의 만조 시 해수면의 높이와 일치한다고 한다.

*한국지질자원연구원(KIGAM)과 제주연구원(JRI)이 2020년에 발간한 『제주도 지질여행』

신양리층은 바다를 향해 완만하게 경사진 여러 겹의 얇은 지층으로 이뤄져 있다. 신양리층에 포함된 조개화석은 3,500년에서 5,000년 사이의 연대를 보여준다고 한다. 성산일출봉이 약 5,000년 전에 분출했고 신양리층의 퇴적은 그 후 약 1,000년에 걸쳐 일어났음을 의미한다. 신양리층은 성산일출봉 형성 전후의 해양환경을 알려주는 중요한 지층이다.

성산의 여행은 광치기해변에서
시작이 되어야 한다

광치기해변에서 바라본 성산일출(城山日出)

스스로自 그러한然 자연自然, 천지 우주 만물이 오가며 만나는 순간의 찰나가 자연이다. 그 자연의 아름다움을 만나보려면 자연보다 더 부지런해야 한다.

자연에 서면 자연에 투정 부리지 마라. 자연에 투정 부리면 자연은 자기의 모습을 보여주지 않고, 자연에 찬사를 보내면 자연은 자기의 모습을 다 보여준다. 가장 아름다운 자연은 지금 내 앞에 보이는 자연이고, 가장 위대한 자연은 지금 자연을 바라보는 내 눈眼이다. 내 눈이 가장 위대한 자연임을 알아야 자연이 보인다.

조선시대 1840년 55세 나이로 제주에 유배를 와 제주의 모진 바람과 싸워 이기며 추사체秋史體를 완성한 추사秋史 김정희金正喜 선생의 애제자 매계梅溪 이한우李漢雨는 제주 비경의 아름다움을 영주십경瀛洲十景이라는 시詩로 이야기 했다. 영주는 제주의 옛 이름이다.

제1경이 성산일출城山日出이다. 내 눈이 해보다 더 부지런해야 여명의 노을을 볼 수가 있다. 광치기해변(추·동절기)이나 우도 전망대(춘·하절기)에서 수평 선으로 떠오르는 해를 성산과 함께 바라보아야 성산일출이다.

오후에 성산을 찾았다면 성산을 지으며 부서진 현무암의 돌 모래를 밟으며 광치기해변을 맨발로 걸어보라. 그 시간이 간조면, 아니 간조에 맞춰 광치기해 변을 걸으면 좋다. 간조에 모습을 드러낸 수천 평의 너럭바위 위를 맨발로 천 천히 걸으며 성산을 바라보라.

팥알보다 굵은 광치기해변 현무암의 돌 모래와 수천 평의 너럭바위 위를 맨 발로 걸으며 성산을 바라보라. 이곳은 지상 최고의 맨발 걷기 사색의 성지다. 이보다 더 황홀한 맨발 걷기 사색의 길이 지상에 있을까.

너럭바위 끝에 서면 일제가 뚫은 18개 갱도 진지의 모습이 한눈에 보인다. 너럭바위 위에 겁劫의 세월 동안 파도가 바람의 힘을 빌려 지은 거대한 마린 포트 홀이 군락을 이루었다.

성산일출봉의 여행은 광치기해변에서 시작이 되어야 한다. 만조에 광치기 해변의 모습과 간조에 광활하게 펼쳐지는 수천 평의 너럭바위가 보이는 광치 기해변의 모습은 다르다. 수천 평의 너럭바위는 파도가 만든 또 하나의 작품이 다. 너럭바위 위에 초록색의 파래들은 여름철 따가운 햇살에 다 녹아 누렇게

1 우뭇개포구 위, 우도 전망대에서
바라본 성산일출의 모습

변했다가 끝 가을에 여린 초록색으로 다시 돌아난다.

성산을 보았는가.

성산의 여행은 광치기해변에서 시작이 되어야 한다.

"이게 성산이다."

이 모습이 추사秋史 김정희金正喜 선생의 애제자 매계梅溪 이한우李漢雨 선생이 제주 비경의 아름다움을 '영주십경瀛洲十景'이라는 시詩로 이야기한, 제주의 제1경 성산일출城山日出이다. 추·동절기에는 광치기해변에서 춘·하절기에는 우도 전망대에서 성산일출을 보아야 제격이다.

우뭇개포구 위에 있는 우도 전망대에서 바라본 성산일출, 춘 하절기에는 이곳에서 성산일출을 보아야 한다. 우도와 성산일출봉 사이로 해가 솟아오르는 모습을 한 앵글에 담을 수 없지만, 내 눈으로 보아야 더 장관이다.

간조에 모습을 드러낸 광치기해변의
너럭바위, 이곳이 지상 최고의 맨발
걷기의 성지다. 따가운 햇살에
파래들이 누렇게 변했다.

너럭바위 끝에서 바라본 성산일출봉
남쪽 해안에 일제가 뚫은 18개의
갱도 진지

광치기해변 너럭바위 위에 겁의
세월 동안 파도가 바람의 힘을
빌려 만든 거대한 마린 포트 홀

1 성산 만설. 간조에 모습을 드러낸 작은
성산에 만·설이 되었다.

간조에 광활하게 펼쳐지는 수천 평의 너럭바위 위에 가을 지나서 겨울에 초
록색으로 돋아난 파래들이 따스한 봄에 색깔이 더 짙어졌다. 뜨거운 여름 햇살
에 다 녹아 누렇게 되었다. 이 너럭바위 위를 맨발로 걸으며 성산을 바라보라.
지상에 이보다 더 아름다운 어싱(Earthing)의 길이 있을까. 다른 어싱의 길은
지구와 내 몸身이 대화를 나누는 길이라면, 성산을 바라보며 이 너럭바위 위를
걸으면, 그 길은 지구와 내 마음心이 대화를 나누는 길이다.

맨발 걷기를 하다 너럭바위 끝에서 발길을 멈춰 성산을 바라보면, 해방 무렵
일제가 일본 본토를 사수하기 위해 성산에 뚫은 18개 갱도 진지의 모습이 보인

성산일출봉과 간조에
모습을 드러낸 작은 성산,
박명의 시간이라 여명의
노을은 보이지 않는다.

다. 일제는 전라도의 광산노동자와 제주도민을 강제 동원하여 다이너마이트와
곡괭이로 자살 보트 신요震洋를 숨겨놓기 위해 해상 특공 진지를 만들었다.

광치기해변 광활하게 펼쳐지는 너럭바위 끝에 서면 거대한 마린 포트 홀 군
락을 보게 된다. 겁劫의 세월 동안 파도는 바람의 힘을 빌려 이곳에 거대한 마
린 포트 홀을 만들었다.

겨울 제주엔 참 많은 눈이 내린다. 스스로自 그러한然 자연自然은 천지 우주
만물이 오가며 만나는 순간의 찰나이다. 간조에 폭설이 내리니 작은 성산에 만

1 따가운 햇살에 누렇게 변했던 파래들이
가을이 지나니 너럭바위 위에 다시
파랗게 돋아나기 시작한다.

설 滿雪이 되었다.

　성산의 모진 바람도 어쩌다 가끔은 여명의 노을이 물들기 전 잠을 잔다. 그 찰나의 순간, 성산과 작은 성산이 하늘못 바닷물에 기름을 바르고 몸단장한다.

　뜨거운 여름 햇살에 누렇게 타들어 갔던 파래들이 가을이 지나고 겨울이 찾아오니 다시 초록의 잔디로 돋아나기 시작한다. 광치기해변은 겨울에 초록의 단풍이 든다.

이게 성산이다

아~ 터진목의 영령들이여

광치기해변에 문주란이 만개했다.

제주시 구좌읍 하도리에는 토끼섬이라 불리는 섬이 있다. 해안에서 50미터 떨어진 작은 섬, 바람에 실려 온 하얀 모래가 검은 현무암을 덮었다. 토끼섬이라 부르는 이유는 7월 초 하얀 문주란꽃이 만개하면 섬 전체가 하얀 토끼처럼 보여 토끼섬이라 부른다.

이곳은 국내에서 유일하게 문주란이 자생하는 곳으로 천연기념물로 지정이 되어있다. 언제부터 이 섬에 문주란이 자생했는지는 알 수 없다. 아주 오래전 언젠가 류큐(오키나와) 왕국에서 배가 떠내려와 함께 실려 온 것을 제주 사람들이 자연스럽게 가꾸었다는 이야기가 전해질 뿐이다.

그러나 이 섬의 원래 이름은 난초가 뒤덮여 '난들여', 곧 난도蘭島였다. 토끼섬은 백 년도 채 안 된 이름이다. 일제강점기 시절 이곳 마을 사람이 토끼를 사육한 적이 있다고 한다. 그 무렵 일본인들이 토끼섬이라는 뜻으로 토도兎島라고 불렀던 것이 시작이다.

희귀하기 그지없는 문주란 자생지의 이름을 여전히 일본인들이 지어 부르던 토끼섬으로 부르고 있다니? 본시 이름이 없다면 모를까, 지극히 아름다운 원래의 이름 '난들여('여'는 섬의 제주어)'를 두고 토끼섬이라 부르는 건 아무리 생각해도 괴기하다.

제주도는 문주란의 북방한계선이다. 광치기해변에도 난들여보다 더 넓은 면적에 문주란이 자생한다. 7월 초 만개를 하면 광치기해변을 하얗게 수놓는데, 바람 게으른 이른 새벽 이곳에 오면, 해가 뜨기 전 여명에 비친 수천 송이 문주란의 꽃 색깔도 황홀하지만, 새벽에 문주란의 향기를 맡으며 조용한 파도 소리와 함께 광치기해변 문주란의 꽃길을 걸으며 성산을 바라보라.

제주의 제1경 성산이 보이는 광치기해변에 '문주란 축제'가 열려 많은 사람이 이 아름다움을 볼 수 있었으면 좋겠다. 성산이 한눈에 바라보이는 광치기해변, 사방에 널려 있는 문주란을 이곳으로 옮겨 이 아름다움을 토려고 많은 사람이 문주란의 향기 속에 광치기해변을 걸으며 성산을 바라보았으면 좋겠다.

터진목이 가까워지니 '제주 4·3 성산읍희생자위령비濟州 4·3 城山邑犧牲者慰靈碑'가 보인다.

5천 년 전 낮은 수심의 해저에서 수성화산으로 분출한 성산은 제주 본섬과 바다를 사이에 둔 섬이었다. 겁劫의 세월 동안 파도가 바람의 흙을 빌켜 제주 본섬과 이어지는 육계사주陸繫砂洲의 길을 만들었지만, 하루에 두 번 간조에만 제주 본섬을 오갈 수 있었다.

조선시대까지 병구瓶口라 불리다 지금은 터진목이라 불리는 이곳이 일제강점기 시절 1930년에 메워져 성산도城山島가 성산반도城山半島가 되는 것이다. 성산은 육계사주로 이어진 육계도陸繫島이다. 이곳에 왜 '제주 4·3 성산읍희생자위령비濟州 4·3 城山邑犧牲者慰靈碑'가 세워져 있을까.

섬이 생긴 모습에 제주 섬의 신화와 설화, 역사와 문화가 오롯이 숨어있다. 성산도가 성산반도가 된 지 15년 후, 대한민국은 해방이 되고 그로부터 3년 후 제주 4·3이 발발한다. 제주 본섬과 이어지는 터진목을 막으면 아무도 도망갈 수 없는 작은 섬, 1923년에 문을 연 성산국민학교에 서북청년간이 상주하며 죄 없는 양민을 잡아 와 고문을 하다 터진목에서 210여 명을 학살한다.

우도牛島 면적(6.18km²)의 5분의 1도 채 되지 않는 작은 섬인 성산(1.225km²), 제주 4·3 당시에 땅의 면적률로는 가장 많은 사람이 학살당한 곳이다. 유족이 없는 주검은 바다가 감추는 것을 성산은 보았다.

'제주 4·3 성산읍희생자위령비濟州 4·3 城山邑犧牲者慰靈碑'에 새겨진 비문을 다 읽으면 제주 4·3이 보인다. 비문에는 성산읍 관내 희생자 명단 450여 명이 마을별로 새겨져 있다.

너무 가슴 아픈 한의 이야기만 했으니, 제주 4·3 기간 중 수백 명의 생명을 구한 문형순 성산포경찰서장의 의로움을 이야기하려 한다.

「문형순 경찰서장은 1897년 평안남도 안주에서 태어나 일제강점기 때 독립운동에 참여했다. 1919년 만주 신흥무관학교를 졸업한 후 한국 의용근에 이어 임시정부 광복군으로 활동했다. 광복 후 2년이 지난 1947년 5월 제주경찰간찰청(현

제주경찰청) 경위로 경찰에 투신한다. 제주 4·3이 전개됐던 1949년 1월 그는 초대 모슬포경찰서장 서리로 발령 났다. 당시 군경은 대정읍 하모리의 좌익 총책을 검거, 무장대에 협조한 100여 명의 명단을 입수했다. 입산한 무장대 중에는 가족과 친지, 이웃들이 있었기에 주민들은 자이든 타이든 쌀과 옷, 돈을 내줘야 했다. 모슬포 지역주민 약 100명이 처형될 위기에 처하자, 문형순은 이들을 자수시킨 후 훈방해 목숨을 구했다. 그는 같은 해 10월 경감으로 승진한 후 성산포경찰서장에 임명됐다. 그리고 1950년 한국전쟁이 발발한다. 전쟁이 나자, 내무부 치안국은 후방의 민심 교란을 우려해 불순분자를 검거할 것을 도내 4개 경찰서(제주·모슬포·성산포·서귀포)에 지시했다. 예비검속(혐의자를 미리 잡아놓는 일)으로 검거된 이들은 제주 4·3 사건에 연루됐던 이유로 경찰이 명부를 작성해 관리해왔던 귀순자·자수자·석방자들이었다. 경찰은 자의적 기준으로 연행하기도 했다. 무고나 밀고, 개인적인 원한으로 검거된 것이 그 사례다.

1,500여 명의 예비검속자 중에는 공무원과 교사, 농민, 학생, 부녀자는 물론 우익단체장도 있었다. 예비검속자에 대해 총살을 명령하고 집행한 것은 당시 육군본부 정보국 제주지구 방첩대와 제주지역 계엄군인 해병대, 그리고 제주도 경찰국이었다. 그러나 성산포경찰서에 내려진 예비검속자 총살집행 명령은 집행되지 않았다. 문 서장이 군의 총살 지시를 따르지 않았다. 문 서장은 1950년 8월 30일 발송된 명령서에 "부당**不當**함으로 불이행**不履行**"이라고 적으면서 불법·부당한 명령을 공개적으로 거부했다. 전시 등 비상계엄 하에서 상관의 명령에 항의 또는 거부하는 명령 불복종은 항명죄로 본인의 목숨도 위태로운 상황이지만 문 서장은 의로운 신념을 굽히지 않았다. 예비검속자 중 제주시에서 1000여 명, 서귀포에서 150여 명, 모슬포에서 250여 명이 총살됐지만, 성산포 관내 278명은 목숨을 부지했다. 문 서장의 용기 있는 결단으로 모슬포에서 100여 명, 성산포에서 278명 등 총 378명의 희생을 막아냈다.

1953년 9월 제주경찰청 보안과 방호계장을 끝으로 퇴직한 문 전 서장은 말년에 생계가 힘들었는지 쌀 배급소를 운영했다가 극장의 매표원으로 근무한 것으로 전해졌다. 독신으로 지낸 온 그는 1966년 제주도립병원에서 향년 70세에 별세했고, 묏자리도 없어서 제주시 오등동에 있는 평안도민 공동묘지에 안장됐다. 경찰청은 2018년 문 전 서장을 '올해의 경찰 영웅'으로 선정했지만, 입증자료 미비

1 위령비에 새겨진 희생자
명단과 추모글

등 이유로 독립유공자 지정은 6차례나 불발됐다. 이에 경찰청은 큰 전 서장이 한국전쟁 당시 경찰관으로 지리산전투사령부에 근무한 이력에 착안해 국가보훈부에 참전 유공 서훈을 요청, 참전유공자로 등록했다. 고인은 작고한 지 58년 만인 2024년 5월 10일 안장식이 열리며 국립제주호국원에 영원히 잠드셨다.」*

제주 4·3의 의인이자 '한국판 쉰들러'로 불리는 문형순 성산포경찰서장의 이야기를 하며 2025년 1월 1일 제주일보에 실린 글을 필자가 이곳에 옮기는 이유는 이렇다. 모슬포경찰서장으로 재직 시 처형될 위기에 처한 모슬포 지역의 주민 약 100명을 구한 의로움으로 서귀포시 대정읍 동일리 2995-1번지에 제주 4·3 사건 위령비를 세우며 바로 옆에 경찰서장 문형순 등덕비가 세워져 있고, 제주경찰청 입구에 흉상이 세워져 있는데, 가장 많은 생명을 구한 이 성산포에는 아무런 이야기가 없어 참 안타까운 마음이다.

현재 서귀포경찰서 성산파출소가 있는 서귀포시 성산읍 성산리 227-2번지(성산중앙로 53)에는 일제강점기 시절 1915년 10월 15일 제주경찰서 성산포순사주재소가 설치되었다. 해방되고 1945년 10월 21일 국립경찰 창립과 함께 제8관구 제22구 경찰서 성산지서가 발족이 되고, 1948년 1월 18일 대통령령 제50호로 성산지서는 성산·구좌·표선을 관할하는 제4구 경찰서로 승격이 되며, 1949년 2월 13일 성산포경찰서로 개칭이 된다. 지금 서귀포경찰서 성산파출소가 있는 자리는 제주 4·3 당시 성산포경찰서의 옛터이다. 문형순 서장은 이곳에서 1949년 10월부터 1950년 12월까지 초대 성산포경찰서장으로 재직했다. **

이곳에 성산지서 추모·표지석이 세워져 있다. 표지석의 내용은 이렇다. 1948년 4월 3일 0시 55분경 폭도 40여 명이 성산지서를 습격했다. 이날 당직을 서는 김양수 순경이 폭도들이 총격을 가해오자, 김 순경이 응사하여 모두 도망갔다. 제주 4·3 당시 순직한 경찰관과 무고한 주민들을 추모한다는 내용이다. 표지석의 글을 차분하게 여러 번 읽어 보아도 참 애매모호한 내용이다.

서북청년단이 터진목에서 210여 명을 학살하는 것보다 자기의 목숨을 걸고 한 사람을 살리는 게 더 어렵지 않은가. 이 성산파출소에 문형순 서장의 흉상이 가장 먼저 세워졌어야 옳다고 필자는 생각한다. 이 글을 쓰며, 작고한 지 58년 만인 2024년 5월 10일 국립제주호국원 5묘역 2420번 묘에 잠들어 계신 문형순 경찰서장을 만나고, 한국전쟁 참전용사로 국립제주호국원에 계신 나의 선친을 만나고 왔다.

제주 섬은 비경의 아름다움보다 더 아픈 한恨의 역사를 품고 있다. 성산일출봉 남쪽 해안에 뚫린 갱도 진지와 함께 이곳을 '다크 투어리즘(dark tourism, 전쟁이나 학살처럼 비극적인 역사 현장을 돌아보며 교훈을 얻는 여행)'의 여행지로 만들면 어떨까. 이곳보다 더 큰 교훈을 줄 수 있는 현장이 있을까 하고 생각해 본다.

제주는 비경의 아름다움만 보는 관광객의 마음으로 여행해야 하는 섬이 아니라, 역사와 문화를 만나는 여행자의 마음으로 여행해야 하는 섬이다. 비경의 아름다움만 보면 관광이고, 신화와 설화, 역사와 문화를 만나면 여행이다. 세월이 아무리 슬퍼도 새는 울고 꽃은 피듯이 성산의 해는 매일 뜨고, 광치기해

제주 4·3 성산읍 지역 양민 집단학살터 표지석(이곳에서 210여 명이 서북청년단에의해 학살되었다.)

**(http://www.jejuhistory.co.kr/ 고영철의 역사교실)

변의 파도는 섬島의 해日와 달月이 지은 세월明을 어루만졌다. 성산은 그 아픔을 모두 참았다.

성산이 내게 그런다.

"섬에 사는 생명만 고통받았다고 말하지 말라, 그 생명을 품은 성산은 큰 고통을 다 이겨냈다."

문주란의 원산지는 열대 아시아와 인도양 섬들로 알려져 있다. 종피가 해면질로 둘러싸여 해수에 잘 뜨는 문주란의 씨는 두꺼운 껍질로 싸여 있어 바닷물이 침투하지 않고 해류를 통해 이동할 수 있는 특징이 있다. 제주가 문주란의 북방한계선이다. 7월 초에 꽃을 피우기 시작하여 중순에 만개한다. 바람 게으른 이른 새벽, 향기에 취한 광치기해변을 걸으며 성산을 바라보라.

제주 4·3 성산읍희생자위령비가 세워진 이곳은 성산읍 고성리이다. 위령비 뒤의 나무숲을 지나면 터진목이고, 그곳을 지나야 성산리이다. 위령비 뒤에는 제주 4·3 성산읍 희생자 명단이 마을별로 새겨져 있다.

추모의 글을 읽으면 제주 4·3이 보인다. 주위에 2008년도 노벨문학상을 수상한 장 마리 귀스타브 르 클레지오(Jean-Marie Gustave Le Clezio)의 '제주 기행문'의 이야기가 비문에 새겨져 있다.

여행지에서 글을 읽는 것을 게을리하면 여행이 가난해진다. 추모글을 천천히 읽으면 제주 4·3을 조금 느낄 수 있다. 한국 최초로 노벨문학상을 수상한 한강 작가의 소설 『작별하지 않는다』가 제주 4·3의 이야기다. 눈의 보이는 비경만 바라보는 것이 여행이 아니다. 눈에 보이지 않는 신화와 설화, 역사와 문화를 만나야 비경의 아름다움이 보인다. 추모의 글을 다 읽고 성산을 바라보면

성산을 이야기 한 이익태 목사의 탐라십경도(좌)와 이형상 목사의 탐라순력도

1 이곳이 제주 본섬과 이어진
가느다란 길목인 터진목이다.
성산리의 바닷물이 터진목을
지나 오조리 포구를
드나들었다.

성산이 더 아름답다.

왼쪽의 그림이 1694~1696년 제주목사로 부임한 이익태 목사 시절에 그려진 탐라십경도耽羅十景圖 중 성산을 이야기한 그림이고, 오른쪽의 그림이 1702년 제주목사로 재임한 이형상 목사의 탐라순력도耽羅巡歷圖 중 성산관일城山觀日의 그림이다.

지금은 터진목이라 불리는 곳이 조선시대에는 병구瓶口라 불렸다.

이곳이 1930년까지 간조에만 제주 본섬을 오갈 수 있는 제주판 모세의 기적 현장인 터진목이다. 이곳에서 제주 4·3에 210여 명이 성산국민학교에 주둔하던 서북청년단에 의해 학살되었다. 표지석에 새겨진 글을 자세히 읽어 보라.

한강 장편소설

작별하지 않는다

한국 최초 노벨문학상 수상!
한강 최신작

역사적 트라우마를 정면으로 마주하고 민감 삶의 연약함을 드러내는
강렬하고 시적인 산문. 노벨문학상 선정 이유

해원의 문

기 단: 한국 현대사의 비극인 4·3을 직시하고 되풀이 되지 않기를 바라는
        감시자로서의 눈과 호소하는 눈물의 형태
바 닥: 오석모자이크는 눈동자 형태로 안구의 실핏줄이 터질 만큼 고통을
        받아온 유족 분들의 현세의 삶을 표현
청동원: 4·3의 비극적인 역사를 넘어선 해원과 상생을 의미
상 부: 희생자 분들을 영혼이 축복받는 하늘로 인도하고 그 역할을 표현한
        새의 깃털, 종이배   작가: 임 춘 배

이 문을 넘어서면 희생자 분들이나 살아 있는 우리 모두가
모든 것을 넘어서서 평화의 길로 나야갈 수 있기를 기원합니다.

2024. 11. 5   제주특별자치도

터진목에 세워진 해원의 문 ↑

제주특별자치도는 2024년 11월 5일 가슴속에 맺혔던 제주 4·3의 원통함을 풀려고 터진목에 해원解冤의 문을 세워놓았다. 이곳만 막으면 아무도 도망갈 수 없는 가느다란 목으로 이어진 작은 섬, 서북청년단에 의해 터진목에서 학살당한 214명의 희생자 명단이 마을별로 청동의 원 안에 새겨져 있다. 성산은 제주 4·3과 작별하지 않았다. 이곳에 해원의 문을 세워 제주 4·3의 해원과 상생을 이야기하며, 문형순 성산포경찰서장의 의로움도 이야기해야 옳다.

이 추모·표지석에 새긴 글의 내용이 참 애매모호하다. 4·3 당시 순직한 경찰관과 무고한 주민들을 추모하고자 이 비를 세운다고 하였으나 4·3 당시 순직한 경찰관과 무고한 주민들이 어디 이 성산리와 성산지서뿐이던가. 왜 문형순 경찰서장의 이야기는 하지 않는가. 이곳이 문형순 경찰서장이 근무하며 278명을 살린 곳이다.

서귀포시 대정읍 동일리 2995-1번지에
세워진 문형순 경찰서장의 공덕비

서귀포경찰서 성산파출소에
세워진 추모·표지석

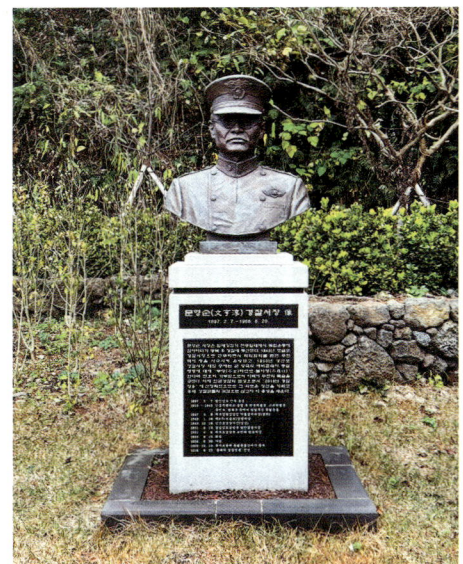

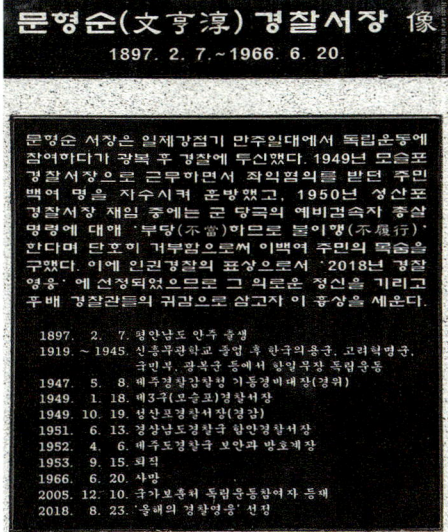

1 제주경찰청에 세워진 문형순
경찰서장 흉상

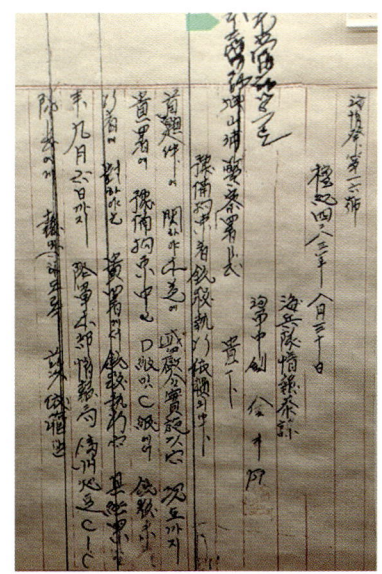

1 서울 종로구 경찰박물관에 전시
되어있는 문형순 서장의
"부당(不當)함으로 불이행(不履行)"
친필 공문서

서귀포시 대정읍 동일리 2995-1번지에 제주 4·3사건 위령비를 세우며 바로 옆에 모슬포 경찰서장으로 재직 시 100명을 살린 경찰서장 문형순 공덕비가 세워져 있다.

제주경찰청 입구에 문형순 성산포경찰서장의 흉상이 세워져 있다.

작고한 지 58년 만인 2024년 5월 10일 국립제주호국원 5묘역 2420번 묘에 안장되어 잠들어 계신 문형순 경찰서장, 제주호국원에 잠들어 계신 아버님을 뵈러 갈 때마다 자기의 목숨을 걸고 378명의 생명을 구한 문형순 경찰서장님을 만나고 와야겠다.

문형순 서장은 1950년 8월 30일 발송된 명령서에 "부당不當함으로 불이행不履行"이라고 적으면서 불법·부당한 명령을 공개적으로 거부했다. 모슬포경찰서장으로 재직 시 100여 명을 살려낸 모슬포에는 문 서장의 공덕비가 세워져 있는데, 성산포경찰서장으로 재직 시 278명의 생명을 구해낸 성산포에는 아무런 이야기가 없다.

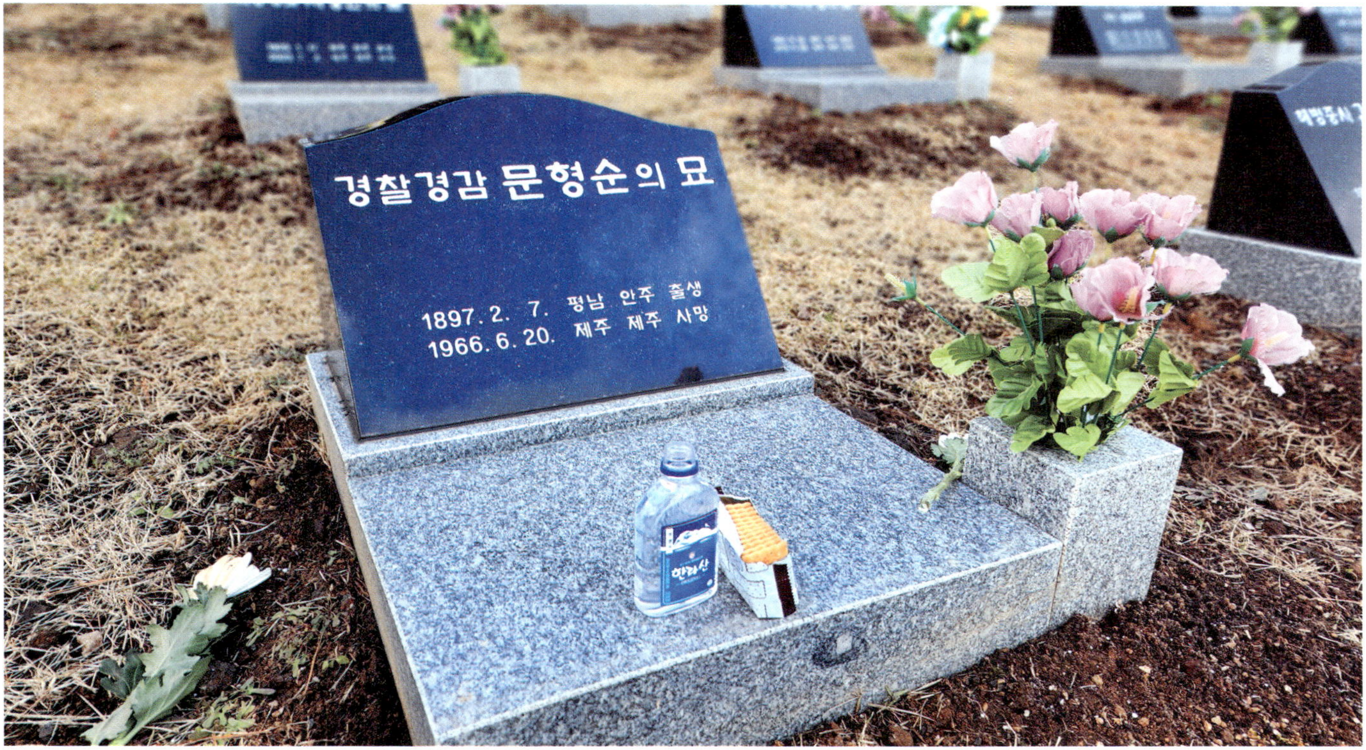

경찰경감 문형순의 묘

1897. 2. 7. 평남 안주 출생
1966. 6. 20. 제주 제주 사망

국립제주호국원 문형순
성산프경찰서장의 묘역

문형순 경찰서장, 예비검속자 학살 거부

Police Chief Mun Hyeong-sun Refuses to Kill Detained Suspects

제주 4·3 평화공원 상설전시실, 문형순
경찰서장의 이야기(제주시 명림로 430)

이게 성산이다

수마포 輸馬浦를 바라보며

광치기해변의 바닷물이 오조 포구를 드나들던 터진목이 메워지기 전까지, 성산리는 제주 본섬과 바다를 사이엔 둔 섬이었다. 광치기해변은 성산읍 고성리이고, 일제강점기 1930년에 메워진 터진목을 지나야 비로소 성산리이다.

해원의 문이 세워진 터진목에서 성산을 바라보며 5분 남짓 해안선을 걸으면 성산일출봉 남서쪽 해안이 품은 수마포에 닿는다. 이곳은 성산이 바람을 막아 광치기해변보다 바다가 잔잔하다. 이 포구의 이름이 제주 섬에서 길러진 말馬들을 실어 나른輸 포구浦라 하여 수마포輸馬浦이다.

삼별초가 새로운 고려를 세우려 여원麗元 연합군과 항쟁을 벌이던 진도의 용장성이 1271년 함락이 되자, 김통정 장군은 삼별초의 잔여 세력을 이끌고 제주에 들어온다. 1273년까지 2년 반 동안 해안선을 따라 환해장성環海長城 을 쌓고, 애월읍 고성리에 항파두리성을 쌓아 여원 연합군과 싸울 태세를 갖춘다. 그 시절 제주의 인구는 1만여 명이었다고 역사는 전하고 있다.

노동을 할 수 있는 인구가 5천 명이었다고 가정하면 성을 쌓는 일이 얼마나 힘이 들었을까. 삼별초는 1273년 4월 28일 한림읍 비양도 앞에 있는 경월포와 함덕해수욕장을 품은 서우봉이 있는 함덕포로 상륙한 1만여 명의 여원 연합군과 3일간 치열한 전투를 벌인 후 최후를 맞이한다.

성산이 품은 수마포

삼별초 군軍이 제주에 처음 들어올 때는 제주인들이 삼별초를 도와주었지만, 여원 연합군이 들어올 때 제주인들은 삼별초를 도와주지 않았다. 삼별초를 물리친 몽골군은 자기네 나라로 돌아가지 않고 말을 키우기에 천혜의 조건을 갖춘 제주에 탐라총관부를 설치한다. 몽골은 1276년 들여온 대원마 160마리를 성산읍 수산리 수산 평원에 풀어놓아 기르기 시작하고 동아막東阿幕을 지으며 탐라목장을 만들었다. 다음 해에는 고산리 고산 평원에 서아막西阿幕을 짓고 제주에서 말을 키우기 시작하였다.

원은 탐라에 '하치(목호)'를 보내 말을 키우기 시작했지만, 속내는 탐라를 점령한 후 섬의 지리적 위치를 활용하여 일본 정벌을 위한 전초기지로 삼으려는 것이다. 원나라가 항복과 조공을 요구했으나 일본이 이를 거부했기 때문이다. 원나라는 일본 정벌을 위한 전쟁 준비를 하며 삼국시대 고구려, 백제, 신라보다 조선술과 항해술이 뛰어났던 탐라에 100척의 배를 건조하게 한다.

「원나라는 탐라를 지배하는 동안 1274년과 1281년 두 번에 걸쳐 일본 원정을 떠난다. 1274년 11월 원나라의 강압으로 꾸려진 원정군은 원나라의 훈둔과 고려의 김방경金方慶이 사령관으로 지정되어 9백 척의 함선에 총 4만의 군사를 거느리고 고려의 포구 합포(현재의 마산)에서 출전하였으나 원나라에서 출발한 강남군의 지연 도착과 전투 기간 내내 태풍과 군사 작전의 차질로 인해 퇴각한다. 1차 원정 때 보다 더 많은 함선과 병력으로 1281년에 떠난 2차 원정은 고려의 포구에서 함선 9백 척과 군사 4만, 중국 양자강 하구 지역 강동에서 출발한 함선 3천5백 척과 군사 10만으로 출전했으나 이번에도 태풍으로 인해 상륙도 해보지 못하고 실패하고 말았다. 이 전쟁을 한국의 역사학자들은 '원나라의 일본 원정日本遠征'이라 하고, 중국의 사학자들은 '원일전쟁元日戰爭'이라 부르고 있다. 수마포를 품은 성산포만은 주력 함대의 출발지는 아니었으나 함선과 전마戰馬를 공급하기 위한 중요한 전략적 거점이었다.」*

원나라는 일본 정벌을 떠나며 탐라의 조선술과 항해술의 힘을 빌렸다. 탐라의 전통 배는 '덕판배'였으나 덕판배보다 큰 전함을 건조했을 것이다. 두 차례의 일본 원정은 태풍으로 인해 모든 함선이 다 전몰이 되었으나 탐라인들이 건

*위키백과 원나라의 일본 원정

조한 함선은 많은 숫자가 무사했다고 역사는 전한다. 곶자왈에는 덕판배를 건조하기에 아주 우수한 나무가 참 많았다고 한다. 얼마나 많은 탐라인이 다른 나라의 전쟁에 동원되어 낯선 땅 일본에서 목숨을 잃었을까.

태풍으로 인한 두 번의 전쟁 실패로 인한 전비 부담, 내부 반란, 고려의 협력 부족, 일본의 강한 방어 진지 구축 등 원나라는 일본 정벌을 포기한다. 일본은 하늘이 바람을 일으켜 자기들을 도왔다고 하여 바람에 '가미카제(신풍神風)'라는 이름을 붙여 후대에 전하는 것이다.

원나라는 1368년 주원장이 이끄는 명나라에 의해 전멸하며 역사 속으로 사라진다. 그러나 탐라에는 원나라의 말을 키우는 세력 목호牧胡(원나라가 제주에 만든 목장의 관리를 위해 파견한 몽골인을 칭하는 말)의 세력이 남아있다. 명나라는 조선에 원나라의 세력 목호가 탐라에서 키우는 2,000필의 말을 요구한다. 고려 정부에서 탐라로 관리를 보내 말을 요구하였으나 목호 세력들은 원의 원수 명에게는 말을 내줄 수 없다며 고려의 관리를 죽이고, '목호의 난'을 일으키는 것이다.

반원 정책을 펼치던 고려의 공민왕은 병선 314척과 25,605명의 병력으로 최영 장군에게 목호의 토벌을 명한다. 1374년 8월 28일 비양도 앞 명월포로 상륙한 최영 장군은 한 달 가까이 전쟁하며 목호의 난을 진압하여 제주가 다시 고려의 땅임을 확인한다. 패전이 확실해진 목호들은 목장의 문을 열어 자기들이 기르던 대원마들을 모두 한라산으로 쫓아 버린다. 이 전쟁에서 원나라의 편에 서서 고려와 전쟁을 벌이던 탐라인구의 반이 고려군에 의해 죽임을 당한다. 간과 뇌가 들판을 뒤덮었다고 조선시대 제주에 부임한 판관 하담은 전한다. 그 시절 제주 인구는 약 2만이었다고 한다.

탐라목장에서 길러진 말들이 탐라의 덕판 배를 타고 머나먼 원나라로 실려 간 포구인 수마포를 멍하니 바라본다.

최영 장군이 탐라를 고려의 땅으로 찾아간 흑인 1392년, 고려는 멸하고 조선이 세워진다. 그로부터 158년이 지난 1550년, 제주에는 정의현 의귀리에서 마왕馬王 김만일金萬鎰이 태어난다. 목호의 난 따 한라산으로 도망간 말들은 오름과 산, 곶자왈 돌숲을 뛰어다니며 야생말이 되어 있었을 것이다. 장인 문서봉에게 한 필의 말을 얻은 김만일은 한라산을 느비며 제주마와 대원마를 능가

하는 준마를 키우는 꿈을 품는다.

김만일이 42세 되던 해, 조선은 임진왜란을 맞는다. 마왕 김만일은 수천 마리의 전마戰馬를 조선에 바쳐 조선을 지켰다. 광해 임금이 김만일에게 3정승 아래 정2품 오위도총관에 임명하니, 한라산에서 말똥 냄새를 맡으며 살아온 무식한 촌부이니 영을 거두어달라고 신하들이 들고일어난다.

김만일은 그 자리가 낯설어 바늘방석 같았다. 김만일은 임금을 독대하여 사직 상서를 올렸다. 임금은 못내 아쉬워하며 공적에 걸맞은 최고의 예우로 '헌마공신獻馬功臣'이라는 위인설관爲人設官(특정한 사람을 배려하기 위해 원래는 없는 관직이나 자리를 만든다는 뜻)의 최고 공신반열을 어명으로 정하여 그에게 수여했다. 광해 임금은 1623년 인조반정으로 강화도로 유배를 가고, 1637년 머나먼 원악도遠惡島(제주도)로 이배移配 되어 4년 4개월간 유배 생활을 하다 1641년 7월 67세의 나이로 제주에서 일생을 마쳤다.

인조 5년인 1627년 정묘호란이 발발하자 인조와 조정 신하들은 강화도로 피신한다. 후금後金(나중에 청나라로 발전)은 양국이 화친을 맺는 조건의 하나로 김만일의 산마 200마리를 요구했다.

김만일은 전마 240마리를 올려보냈고, 후금은 그 말들을 끌고 군사를 돌렸다. 인조 6년, 김만일은 500마리의 말을 조정에 올려보냈다. 임금은 매우 기뻐하며 79세의 김만일에게 종1품 숭정대부를 서훈한다.

헌마공신 김만일은 1550년 7월에 태어나 1632년 10월, 83세를 일기로 세상을 떠났다. 그는 말이 국력의 상징임을 알았다. 전마를 키워 국가가 위급할 때마다 수시로 수천 마리를 나라에 바쳤다. 80여 성상을 사는 동안 치열한 생존경쟁과 자리다툼 등에도 휘둘리지 않았다. 그가 일만여 마리의 말을 키워 수천 마리의 말을 나라에 바친 역사적 사실은 세계사에서 그 유례를 찾아볼 수 없는 위업이라 할 것이다. 그러나 고려와 조선은 그리고 대한민국은 여전히 변방의 섬 탐라와 제주의 이야기는 함구를 한다.

나는 이 수마포를 바라볼 때마다 섬에서 길러진 말들이 어떻게 배를 타고 머나먼 원나라로 끌려갔을까 하는 생각이 든다. 선체의 안정을 유지하기 위해 배의 바닥에 채우는 밸러스트(ballast)는 목선에 물을 채울 수 없어서 수마포의 현무암 돌모래를 이용했을 것이다. 아니면 성산을 지으며 부서진 응회암을 이용했을 것이다. 제주에서 말을 가지고 간 조선의 포구나, 원나라의 어느 포구에는 수마포의 돌모래나 성산일출봉의 응회암들이 그 포구에 있을 것이다. 만조에 수마 포구에 들어온 배들은 간조의 모랫바닥에 배가 기울어지기 전, 양쪽 옆으로 나무를 받쳐 배를 수평으로 세우고 배 바닥에 밸러스트를 채워 말을 실은 후, 만조에 배가 물 위에 뜨면 포구를 떠났다.

2004년 9월 성산리에서 발간한 〈城山浦誌(성산포지 해 뜨는 마을)〉에 따르면, 성산읍 고성리에 처음 현청이 들어선 것은 태종 16년(1416년)의 일이라고 적혀있다. 세종 19년(1437년) 제주에 안무사로 파견됐던 한승순이 2년 후인 1439년 제주의 방어시설에 관한 보고를 했는데 '수산소에는 마병과 보병을 합쳐 모두 175명이 근무하고 있으나 왜구가 직접 배를 댈 수 있는 요지임에도 불구하고 성곽이 없다.'라고 진언했다.

한승순은 이때 방어시설을 정비하기 시작하여 이후 제주는 관방유적關防遺蹟으로 3성城 9진鎭 25봉수烽燧 38연대煙臺가 구축되어 갔다.

성산일출봉의 봉수대도 이때 만들어진 것으로 보인다. 성산은 험하여 사람이 잘 오르지 못했다고 전하는데, 이때 봉수가 설치되면서 처음으로 길이 뚫린 게 아닌가 생각된다. 〈세종실록 지리지〉는 1423년(세종 5년) 정의현의 인구를 모두 687호 2,073명이라 기록하고 있다. 당시 제주목 인구가 5,207호 8,324명이었고, 대정현이 1,357호 2,500명이었던 데 비하면 가호(家戶) 수나 인구가 적었다는 것을 알 수 있다.

한편 1446년(세종 28년) 마필馬匹 조사기록을 보면 제주목이 3,810마리, 대정현이 2,090마리, 정의현이 3,880마리로 정의현의 경우는 말이 사람보다 훨씬 많았다. 이는 성산읍 지역이 탐라목장을 처음 지은 첫 방목지로서 말은 많았지만 사람이 드물었기 때문으로 보인다고 이야기하고 있다. 정의현 수산평 탐라목장에서 길러진 말들이 수마포를 통해 조선으로 떠났다.

조선시대 제주로 유배를 왔다가 해배解配된 면암勉菴 최익현崔益鉉의 한라산 등반기에는 한라산 산세와 관련하여 이런 이야기가 나온다. "산 형국이 동은 마馬, 서는 곡穀, 남은 불佛, 북은 인人"이라고 했던 부분이다. 한라산 산세의 영향으로 말은 동쪽에서 생산되고, 곡식은 서쪽이 잘 되고, 불당은 남쪽에 모였고, 인걸人傑은 북쪽에서 많이 난다고 해석한 것이다. 마왕 김만일의 산마장도 한라산 동쪽에 있다.

세계자연유산마을 해 뜨는 성산리.
터진목을 지나야 성산리이다.

　탐라가 고려시대 원의 지배 아래 있을 때, 탐라목장이 수산 평원에 처음 지어졌다. 750여 년 전에 지어진 탐라목장의 돌담이 서귀포시 성산읍 금백조로 446번지(수산리)에 있는 제주자연생태공원에서 조금 떨어진 곳, 고잡(곶앞)이라 불리는 지명의 풀숲에 고스란히 숨어있다.

　생태공원에서 조금 떨어진 성산읍 수산리 3990번지에는 탐라목장에서 길러지는 말들이 물을 마셨던 수산한못이 복원되어 옛 모습을 보여주고 있다. 수산한못은 현무암의 파호이호이 용암이 흐르며 만들어진 빌레(너럭바위) 위에 물이 고인 봉천수奉天水이다.

고려에서 두 번의 일본 정벌을 떠나며 원나라는 제주 섬에서 일본과 가장 가까운 성산포만을 많이 이용했을 것이다. 그 시절 탐라인들은 원나라의 지배를 받으며 일본 정벌을 위한 배를 건조했으며, 전쟁물자를 만들고 조달하면서 얼마나 많은 고초를 겪었을까.

수마포는 원나라가 일본 정벌을 포기한 후, 탐라목장에서 길러진 말들을 덕판배에 실어 머나먼 대륙의 땅으로 실어 나른 포구이고, 조선시대에는 수마포를 떠난 전마戰馬들이 조선을 지켰다.

수마포의 모습이 너무나 초라하다.

포구浦口의 이름이 영어로 Sumapo가 아니라. 말馬을 실어 나른輸 포구浦 수마포輸馬浦라고 한자로 표기하고, 이곳에 대대로 이어져 온 수마포의 이야기를 재현해 놓아야 한다.

고려시대, 조선시대, 일제강점기, 제주 4·3에 수마포보다 더 큰 한의 역사를 가진 포구는 없다. 고려를 위하고, 조선을 지키려 수마포에서 수만 마리의 말들이 대륙으로 뭍으로 섬을 떠났다. 일제강점기 시절, 태평양전쟁 중 일제는 일본과 가까운 이 성산에 군수공장을 지어 이곳에서 생산한 제품을 이 포구를 통해 일본으로 가져갔다.

그 기나긴 세월 수마포보다 더 큰 역사의 아픔과 전쟁의 흔적을 가지고 있는 포구는 없다. 터진목 제주 4·3 성산읍 지역 양민 학살터의 이야기와 성산일출봉 남서쪽 해안에 일제가 뚫은 18개의 갱도 진지가 있는 성산에 제주에서 가장 큰 '다크 튜어리즘(Dark Tourism)'의 길이 만들어져야 한다.

수마포는 단순히 말을 실어 나른 포구가 아니다.

일본 정벌을 떠나던 포구이고, 나라를 지키기 위해 말을 실어 나르던 포구이다. 이보다 더 큰 '다크 튜어리즘'의 길이 있을까. 너무 커 보이지 않는가. 아무도 그 이야기를 하지 않는다.

자연이 만든 비경만 존재하는 게 아니다.

제주 섬의 역사와 문화는 땅이 생긴 모습어 오롯이 숨어있다.

"성산이 품은 역사와 문화를 만나야 성산이 보인다. 이게 성산이다."

광치기해변은 성산읍 고성리이고, 일제강점기인 1930년에 메워진 터진목을 지나야 비로소 성산리이다. 성산리는 세계자연유산마을이다. 탑 안에 세계자

연유산을 상징하는 로고가 새겨져 있다. 원 안의 사각형은 인간이 만든 문명을
상징한다. 외부의 원은 인간과 자연의 조화를 강조하며 지속 가능한 보호와 보
존의 중요성을 담고 있다. 세계유산은 특정 국가의 소유물이 아니라 전 인류의
공통된 유산임을 나타낸다.

성산일출봉 남서쪽 해안이 품은 수마포輸馬浦의 모습, 성산항이 만들어지기
전까지 수마포는 성산포만에서 가장 큰 포구였다.

성산읍 온평리에 있는 환해장성의 모습. 환해장성의 모습이 보이고, 1980년
대 중반까지 바다를 지키던 방위병 초소의 모습이 보이고, 해안경찰경비대의
모습이 보인다. 고려시대부터 조선시대까지 외적의 침입에 대비하기 위해 섬
을 빙 둘러쌓은 성담이 환해장성環海長城이다.

삼별초가 만든 항파두리 토성 ↑

함덕포 전적지 ↑

삼별초는 애월읍 고성리에 토성을 쌓고, 토성 안에 돌로 내성을 쌓은 다음, 내성 안에 궁궐을 지어 제2의 고려를 만들려고 했다.

함덕포는 여원 연합군이 상륙한 전적지이다. 여원 연합군은 상륙전을 감행할 때, 먼저 좌군을 비양도에 머물게 해 명월포로 공격할 것처럼 오인시키고 중군을 이 함덕포로 상륙시켰다. 여원 연합군이 양동작전을 성공시킴으로써 그 기세를 몰아 삼별초를 전멸시키고 승리를 거둔다.

애월읍 고성리 항몽유적지 기념관에 그린 그림.
여원 연합군이 함덕포로 상륙하는 모습.

항몽유적지 기념관에 여원 연합군이 함덕포로 상륙하는 모습을 그림으로 그려 놓았다. 바다에 몸을 담그고 있는 오름이 서우봉犀牛峰의 모습이다.

목호의 난을 이야기한 만화책. 탐라인들은 목호들의 편에서 고려와 싸워 목숨을 잃었다.

탐라인들의 눈으로 고려를 이야기해야 하고, 제주인들의 눈으로 조선을 이야기해야 한다. 헌마공신 김만일은 자기가 만든 목장 산마장에서 전마戰馬를 키워 조선을 지켰다. 제주의 아름다움은 비경에만 있는 게 아니다. 제주의 아름다움은 한恨을 이겨낸 역사와 문화에도 숨어있다.

1374년 목호의난을 그린 만화책

김만일 목장의 영역(녹색 부분)   **제주삼현도(濟州三縣圖)** 조선시대에는 임금이 남쪽을 향해서 정사(政事)를 보기 때문에 임금의 시각으로 그리다보니, 남쪽이 지도의 상단으로 표기되었다.

헌마공신 김만일의 목장의 모습,
녹색부분이 산마장이다.

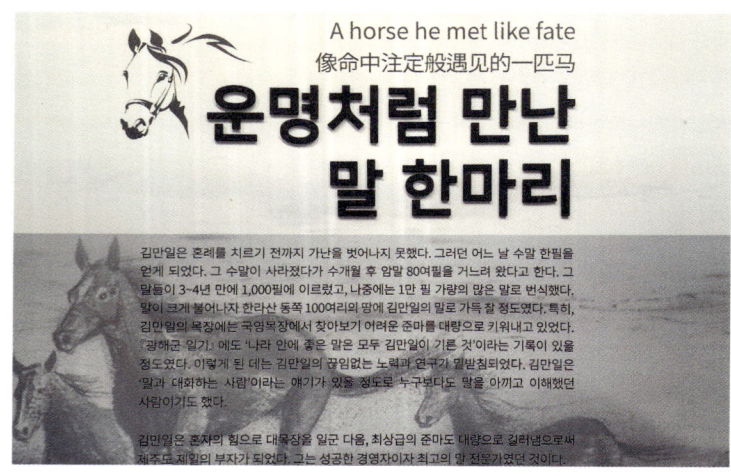

서귀포시 남원읍 한남리 992(서귀포시 남원읍 서성로 919)에 있는
헌마공신 김만일기념관

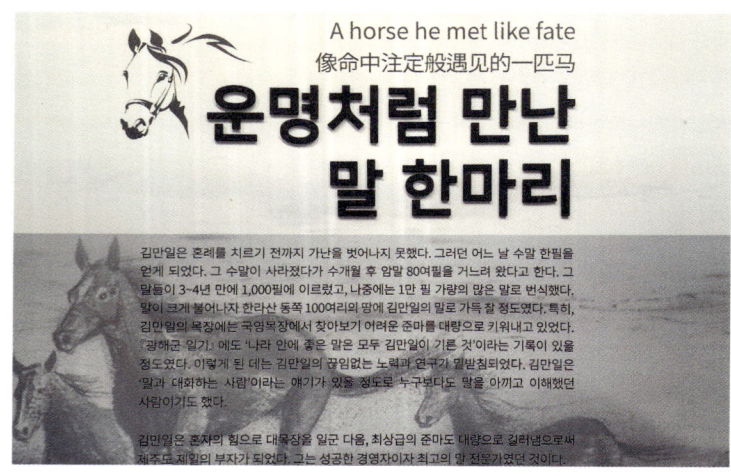

마왕 김만일의 이야기

헌마공신 김만일기념관

남원읍 의귀리 1773번지 헌마공신 김만일의
묘역(제주특별자치도 기념물 제65호)

헌마공신 김만일의 이야기

　김만일의 묘는 정확한 축조 시기를 알 수 있어, 17세기 제주 분묘의 산담과
봉분의 축조 양식과 구조를 파악할 수 있는 자료이다. 묘역 내에는 동일시기로
추정되는 봉분 1기, 혼유석 1기, 비석 1기, 문인석 2기 등이 있으며, 문인석은
돌하르방과 같은 형태의 제주형으로 제주 고유의 석물 문화를 밝히는 데 중요
자료가 된다고 표지판은 설명하고 있다.

1 백록담 북서쪽 장구목오름의 말떼('제주산악회 창립 60주년 기념 특별전. 사진으로 읽는 한라산'에서 발췌)

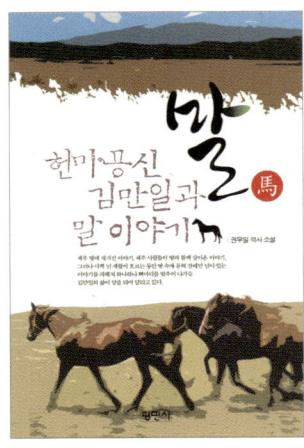

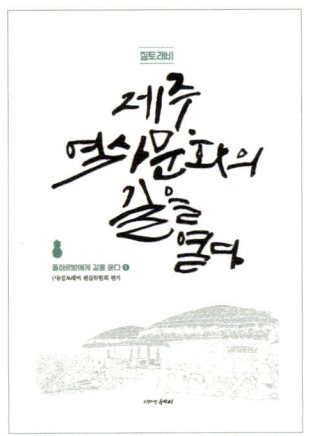

1 역사소설 '헌마공신 김만일과 말 이야기' 지은이는 권무일 질토래비 고문이다(위). 질토래비 총서(창간호) (사)질토래비에서는 질토래비 총서를 매년 발간하기로 했다.

김만일은 수많은 말을 나라에 바치거나 징발당했다. 제주에 온 수령들이 사사로이 부를 축적하기 위한 수단으로 김만일의 준마를 착취하는 일도 허다하게 벌어졌다. 그 양도 준마의 맥이 끊어질 지경에 이를 정도였다. 김만일은 눈물을 흘리며 씨를 받는 용도로 기르는 수말과 암말, 종마의 눈을 찌르고 귀와 가죽을 찢는 등 일부러 흠집을 냈다. 준마의 상품성을 떨어트림으로써 탐관오리로부터 종마를 보존하고자 했다.

한라산에서의 방목放牧은 진드기 피해를 예방할 수 있다는 이점으로 고려시대 이후 수백 년 동안 이뤄져 왔고, 1980년대 중반까지도 이어졌다. 대부분 여름 한철 방목하는 것으로 백록담까지 마소들이 드나들 정도였다.

광해 임금이 들어온 어등포

광해 임금은 강화도에서 제주로 이배移配를 오며 풍랑을 만나 화북포나 조천포에 들어가지 못하고, 어등포魚登浦(지금의 행원리)로 들어왔다.

어등포는 바람이 심하게 불면 물고기魚가 포구와 뭍으로 올라온다登는 데서 유래된 지명이다.

광해군(光海君)은 1623년 인조반정에 의해 혼란무도(昏亂無道) 실정백출(失政百出)이란 죄로 폐위, 처음 강화도 교동(喬桐)으로 유배되었다. 이어 1637년 유배소를 제주로 옮기려 사중사(事中使) 별장 내관 도사 대전별감 나인(內人) 서리(書吏) 나장(羅將) 등이 임금을 압송하여 6월 16일 이 어등포(於登浦)로 입항하여 일박하였다. 이때 호송 책임자 이원로(李元老)가 왕에게 제주라는 사실을 알리자 깜짝 놀랐고, 마중 나온 목사가 "임금이 덕을 쌓지 않으면 주중적국(舟中敵國)이란 사기(史記)의 글을 아시죠"하니 눈물이 비오듯 하였다. 주성(州城) 망경루 서쪽 배소에서 1641년 7월 1일 67세로 마치니 목사 이시방(李時昉)이 염습, 호송책임 채유후(蔡裕後)에 의해 8월 18일 출항, 상경하였다. 광해군은 연산군(燕山君)과 달리 성실하고 과단성 있게 정사를 펼쳤으나 당쟁의 와중에 희생된 임금으로 평가받고 있다.

광해 임금의 유배, 첫 기착지

광해 임금이 들어온 어등포 ↑

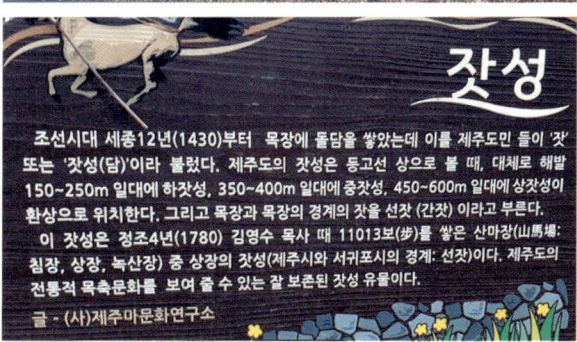

1 넝쿨과 잡목을 제거한 후 탐라목장 돌담 앞에서 기념 촬영하는 질토래비 회원들.

1 서귀포시 성산읍 금백조로 446(수산리) 제주자연생태공원 북쪽 근처, 750여 년 전에 쌓인 탐라목장 돌담의 모습(위). 넝쿨을 제거한 탐라목장의 돌담

1 수산한못의 모습

　제주 역사와 문화의 길을 찾아내고 그 길을 안내하는 (사)질토래비에서는 이 돌담이 750여 년 전에 쌓인 탐라목장의 잣담이라고 확신한다.

　(사)질토래비 이사들이 넝쿨과 잡목을 제거하자 탐라목장 돌담의 모습이 드러났다.

　이게 750여 년 전에 쌓인 탐라목장 돌담의 모습이다. 조선시대 말을 키우기 위해 만들어진 하잣성, 중잣성, 상잣성과는 확연히 모습이 다르다.

　원나라는 1276년 몽골에서 가지고 온 160마리의 대원마를 수산 평원에서 키우기 시작했다. 몽골에서 온 말 관리인 '목호'들은 탐라목장을 지어 말을 키우며 이 수산한못의 물을 이용했다. 수산한못은 현무암의 파호이호이 용암이 흐르며 만든 빌레(너럭바위) 위에 자연이 만든 봉천수이다.

1 OpenAI사가 만든 챗GPT에 명령(Prompt)을 내렸다. "제주의 오름들과 성산일출봉이
　한눈에 바라보이는 수산 평원 탐라목장에서 한가로이 풀을 뜯는 말들 그려줘." 챗GPT가
　그려준 그림이다.

OpenAI사가 만든 챗GPT에 명령(Prompt)을 내렸다. "수산 평원 탐라목장에서 길러진 말들이
성산일출봉이 품은 수마포에서 덕판배에 실려 머나먼 대륙의 땅으로 떠나는 모습을 그려줘."
챗GPT가 그려준 그림이다.

1 OpenAI사가 만든 챗GPT에 명령(Prompt)을 내렸다. "탐라를 지배하는 동안 원나라는 1274년과 1281년 두 번에 걸쳐 합포(지금의 마산)에서 일본 원정을 떠난다. 성산일출봉이 한눈에 바라보이는 수마포를 품은 성산포만은 주력 함대의 출발지는 아니었으나 함선과 전마(戰馬)를 공급하기 위한 중요한 전략적 거점이었어. 그 모습을 그려줘." 챗GPT가 그려준 그림이다.

OpenAI사가 만든 챗GPT에 명령(Prompt)을 내렸다. "성산일출봉이 한눈에 바라보이는
수산 평원에서 길러지는 말들의 모습을 그려줘." 챗GPT가 그려준 그림이다.

이게 성산이다

성산 城山에 뚫린 갱도 진지

벙커형 갱도 진지, 시멘트로
만들어 놓았다.

넋魂은 사람에게만 있는 걸까.

매일 밤 감자창고에서 살이 찢어지는 고문을 당하다 다음 날 아침 자기와 함께 만들어진 터진목에서 총소리와 함께 주검으로 변한 모습을 바라보는 성산은 넋이 없을까. 혼魂은 죽어야만 있는 걸까.

산 사람이 주검 앞에서 통곡할 때, 혼은 자기의 몸에서 나와 성산과 함께 산 사람의 곁에서 자기의 주검을 바라봤을까.

성산城山은 들었다.

일제가 자기 몸에 뚫어 놓은 18개의 갱도 진지의 귀耳로 총구 앞에 서 있는 생명의 소리를 들었고, 조선시대 외세의 침입을 막기 위하여 산의 정상에 만들어 놓은 성산봉수城山烽燧의 눈眼으로 그 모습을 보았다. 터진목에서 서북청년단의 의해 무참히 학살당한 210여 명의 주검을….

수마포輸馬浦를 감싸 안은 성산일출봉 남서쪽 해안에는 일제강점기 시절 태평양전쟁을 일으킨 일제가 일본 본토를 방어하기 위해 만들어 놓은 18개의 갱도 진지의 모습이 보인다. 벙커형 2개, 왕王자형 1개, 일一자형 15개다.

굴의 길이가 10미터도 안 되는 벙커형 진지는 내부가 시멘트로 만들어져, 이곳을 지휘하는 일본군 장교가 사용했던 곳으로 추정이 되고, 굴의 길이가 약 30미터로 바닥이 수평으로 주변의 작은 돌로 잘 만들어진 일자형 갱도 진지에는 미군 함대가 나타나면 갱도를 나와 함대와 부딪힐 자살 특공정 신요震洋을 숨겨놓았다.

굴의 입구는 세 곳이고 굴의 내부를 이어 해안선보다 높은 곳에 만들어진 왕자형 갱도 진지는 내부의 구조가 높고 낮음이 있는 경사로 만들어져 병사들이 생활하거나 본부가 있었던 곳으로 추정이 된다.

1945년 3월 제주도에 주둔한 일본군 병력은 200여 명에 불과했다. 태평양전쟁 말기, 1945년 4월 1일 미군이 오키나와섬에 상륙한 후, 일본군은 제주도의 전략적 중요성을 인식하고 일본 본토를 방어하기 위한 결호決號 작전 중 결7호 작전의 핵심구역인 제주에 대규모 병력을 증가하기 시작했다.

일제는 제주 섬을 빙 둘러 5대 해상 특공 진지를 건설하고, 섬의 120여 곳에 700여 개의 땅굴을 파며 일본 본토를 방어하기 위해 제주 섬을 군사 요새화했다. 1945년 8월에 제주도에 주둔한 일본군 병력은 우리나라를 지키는 해병대 병력 25,000의 세 배에 이르는 일본 최고의 육군 관동군 75,000여 명이 주둔했다.

미군이 오키나와섬에 상륙한 후 이 제주 섬에 상륙했다면, 성산은 지금의 모습을 하고 있을까.

오키나와섬에 상륙한 미군은 작전을 바꿔 1945년 8월 6일 히로시마에 '리틀 보이(Little Boy)'라는 원자폭탄을 투하하고, 8월 9일 나가사키에 '팻 맨(Fat Man)'을 투하한다. 1945년 8월 15일 일본 천황의 무조건 항복으로 제2차 세계대전은 끝이 나고, 성산은 지금과 같은 모습으로 남았다.

미군은 해방이 된 지 한 달 반이 지난 9월 28일 제주에 들어와 항복 문서에 서명받고, 일본군이 쓰던 무기 60여 종 9만여 점을 제주 앞바다에 수장水葬한다. 성산 갱도 진지에 있던 무기는 성산 앞바다에 수장이 되었을 것이다.

성산에 뚫린 갱도 진지는 5대 해상 특공 진지 중 갱도의 길이가 514m로 가장 길다. 5대 해상 특공 진지 중 함덕 서우봉과 송악산의 갱도 진지에는 어뢰를 개조하여 한 사람이 탈 수 있는 인간어뢰 가이텐回天을 숨겨놓기 위한 곳이

었고, 성산일출봉, 고산의 수월봉, 서귀포 황우지해안에는 자살 특공정 신요震
洋를 숨겨놓기 위한 해상 특공 진지였다.

해방 무렵 제주 섬의 하늘엔 자살 특공기 가미가제가 날고, 바다엔 자살 특
공정 신요가 있었다.

성산에 뚫린 갱도 진지의 내부를 보려면, 간조에 갯바위를 조심히 걸으며 18
개의 갱도 진지의 모습을 볼 수가 있다. 동굴의 내부는 낙석의 위험이 있어 조
심해야 한다. 갱도의 길이가 30미터가 되는 일자형 갱도 진지에는 2~3대의
자살 특공정 신요가 바퀴 달린 수레 위에 올려져 있었다. 수레를 밀어 유도로
를 타고 바다로 나갔다. 80여 년이 되는 갱도 진지의 모습은 그대로이고, 시멘
트와 주위에 돌을 이용하여 만든 유도로는 파도가 모습을 다 앗아갔지만, 간조
엔 그 모습을 확인할 수 있다.

일제는 갱도 공사의 경험이 풍부한 전라도의 광산노동자 800여 명과 제주
도민을 강제 동원하여 제주 섬 120여 곳에 700여 개의 갱도 진지를 만들었다.
성산에 갱도 진지를 만들 때 이용되었던 다이너마이트를 일본군이 버리고 가
니 제주 4·3에 그 다이너마이트가 또 다른 죽음을 가지고 왔다.

슬픔이 슬픔을 낳고, 한이 한을 낳는가. 주민들은 다이너마이트를 어업용으
로 사용했다. 성산리와 붙은 마을 오조리 주민들은 무장대의 습격을 대비하여
마을 스스로 민보단을 조직하여 마을 경비에 나섰는데, 마을을 지킬 목적으로
초소에 다이너마이트를 두었다.

이 사실이 서북청년단에 알려지면서 비극은 시작된다. 서북청년단은 이 다
이너마이트로 자산들을 죽이려 했다는 혐의를 뒤집어씌워 1948년 12월 29일,
다이너마이트를 소지하고 있던 오조리 마을 주민들을 공회당에 모이게 하고는
모든 집을 수색하는 과정에서 집합이 늦은 주민들을 끌어내 성산포 감자창고
로 데려갔다. 이들은 고문 취조를 받다가 며칠 뒤인 1949년 1월 2일 우뭇개 동
산에서 서북청년단에게 집단 총살을 당한다.

서북청년단은 총살하면서 성산리 마을 유지들을 모두 나오라고 해서 구경
까지 시켰다. 성산은 해방 무렵 일제가 자기 돈 오장육부를 파헤치는 갱도 진
지의 아픔을 참았고, 그 상처가 채 아물기도 전에 터진목과 우뭇개동산에서 흡
혈귀 '서북청년단'이 쏜 총소리에 쓰러져 가는 주검의 소리를 보고 들었다.

1 왕자형 갱도 진지. 세 곳의 굴이 내부에서 이어져 있다.
갱도의 내부에 경사가 있다.

성산은 외치고 있다.

"이곳에 '다크 투어리즘(Dark Tourism)'의 길을 만들어 나의 비경을 눈目으로 보는 관광만 하지 말고, 성산이 들려주는 고려시대의 탐라와 조선시대 제주의 역사를 만나고, 성산이 참아낸 일제강점기의 고통과 제주 4·3의 한의 역사를 만나는 여행을 해보라."

일제는 1919년 평양 인근에 한반도에서는 최초의 시멘트 공장을 만들었다. 시멘트로 만들어진 벙커형 갱도 진지는 갱도의 길이가 10m도 채 되지 않는다. 아마도 이곳을 일본군 장교가 사용했을 것이다. 아주 단단히 만들어졌다. 해방 후 이곳에서 무당들이 굿을 하기도 했고, 해녀들은 불턱으로 사용하기도 했다.

왕王자형 갱도 진지의 모습이다. 입구가 3곳이다. 갱도 진지의 가운데를 뚫어 3개의 갱도를 서로 이어 놓았다. 갱도 진지 내부가 경사로 만들어졌다. 갱도의 전체길이가 124m이다. 해안선보다 약 5m 높은 곳에 만들어진 것으로 보아 병사들이 사용했던 것으로 보인다.

일자형 갱도 진지(3개의 모습) ↑

1 일자형 갱도 진지(바닥의 모습이 평평하다.)

안에서 밖으로 본 일자형 동굴 진지. ↑

일—자형 갱도 진지의 모습이다. 성산일출봉은 낮은 수심의 해저에서 수성 화산으로 분출하며 무한정의 바닷물을 만나 부서졌다 다시 붙은 응회암이라 갱도 진지를 만들 때, 그리 힘이 들지는 않았을 것이다.

일—자형 갱도 진지의 모습, 이곳에 자살 보트 신요震洋를 수레 위에 실어 숨겨 놓았다. 미군 함대가 보이면 수레를 밀어 바다로 나간다. 신요는 약 5.5m로 만들어졌고, 선두에 약 250kg의 폭탄이 실려 있었다고 한다. 갱도의 길이가 약 30m로 3대의 신요를 숨겨놓을 수 있는 크기다.

일—자형 갱도 진지 안에서 밖을 바라본 모습이다. 갱도의 내부 응회암에 부서지지 않은 현무암의 돌이 박혀있다.

일자형 갱도 진지에 숨겨 놓았던 소형
자살 보트 신요(震洋), 바퀴가 달린
수레 위에 올려져 있다. 〈수월봉에
세워진 표지판에서〉

　일ー자형 갱도 진지 안에 숨겨 놓았던 자살 특공정 신요震洋의 모습, 수레 위
에 실려 있다.
　일제가 만들어 놓은 5대 해상 특공 진지, 비경이 가장 아름다운 곳에 만들어
졌다. 함덕의 서우봉과 송악산의 갱도 진지에는 한 사람이 탈 수 있는 인간어
뢰 가이텐回天을 숨겨놓기 위한 곳이었으나 훈련 과정이 길어 제주에 가져오
기 전에 전쟁이 끝났다.
　이것이 인간어뢰 가이텐의 모습이다.

1 제주 섬의 가장 아름다운 비경에
만들어졌던 5대 해상 특공 진지.
〈KBS 역사 추적 영상에서 캡쳐〉

어뢰를 개조해 한 사람이 탈 수 있게 만든 인간어뢰
가이텐(전쟁이 끝나기 전에 제주에는 배치되지
않았다). 〈KBS 역사 추적 영상에서 캡쳐〉

성산일출봉 해상 특공 진지, 일자형
갱도 진지 안에 숨겨뒀던 자살
특공정이 바다로 내려갔던
유도로(간조에 보인다.)

　미군 LST 함에 실린 일본군 무기, 제주 앞바다에 수장했다. 아직도 제주 앞
바다에는 일본 군함이 바다에 빠져있다. 그물에 폭탄이 걸리기도 하고, 스쿠버
잠수부들에게 폭탄이 발견되기도 한다.
　성산일출봉 남쪽 해안, 일一자형 갱도 진지 앞에 만들어진 유도로의 모습 자
살 특공정 신요가 이 유도로를 타고 바다에 들었다. 파도에 거의 유실되었으나
깊은 바다에는 간조에 모습을 선명하게 나타낸다. 주위의 현무암의 돌과 시멘
트로 만들었다.

미군 LST 함에 실려 제주 앞바다에 수장되는 일본군 병기. 〈KBS 역사 추적 영상에서 캡쳐〉

99식 소총 27,989정
99식 경기관총 921정
92식 중기관총 308정

우뭇개동산에 서서 한라산과 한라산 북동쪽의 오름들을 바라본다.

우뭇개동산

Umutgae Dongsan

/ 无雾戈山坡 / ウムッケ丘

해방 후 주민들은 일본군이 버리고 간 다이너마이트를 어업용으로 사용했다. 1948년 겨울철부터는 민보단에서 마을경비용으로 사용하려고 초소에 보관하였다. 그런데 이 다이너마이트가 서북청년회(서청)에 알려지게 되면서 비극이 시작되었다. 오조리 주민들은 다이너마이트로 서청을 죽이려고 했다는 누명을 쓰고 공회당에 끌려가 고문취조를 받았고 다음해 1월 2일 우뭇개동산에서 23명이 집단으로 학살됐다.

그리고 제주에 만든 비밀비행장과 자살특공기

1 자살 특공기 가미가제 〈KBS 역사
추적 영상에서 캡처〉

태풍에 유실된 유도로의 모습

해방 후 일본군이 버리고 간 다이너마이트를 어업용으로 사용하다 서북청
년단에 발견되어 자기들을 죽이려 했다는 누명을 쓰고 이 우뭇개동산에서 23
명이 무참히 학살당했다.

학살할 때, 성산리 마을 유지들을 모두 나오라고 해서 그 광경을 목격하게
했다. 학살 장소는 매표소를 바로 지나면 왼쪽 너른 잔디 광장이다.

해방을 앞두었을 무렵 제주에는 자살 특공기 가미가제가 하늘을 날았고, 바
다에는 자살 특공정 신요가 있었다.

파도에 부서진 유도로, 일제는 주위의 돌을 이용하여
시멘트로 유도로를 만들었다.

　이게 성산이다

성산을 지키는 매바위 ↑

"이게 성산이다"
"이게 성산낙조 城山落照 다"

　날씨 맑은 오후 썰물시간, 광치기해변 너럭바위가 서서히 모습을 드러낸다. 성산을 짓다 부서진 광치기해변 현무암의 돌모래를 맨발로 밟으며, 수천 평의 너럭바위 위를 어싱(Earthing)하며 성산을 바라봤다.

　터진목에 앉아 성산으로부터 제주 4·3의 이야기를 들었고, 수산평 탐라목장에서 길러진 말들이 덕판배를 타고 섬을 떠나 대륙과 붙은 조선의 땅과 중국대륙으로 떠나는 제주마 濟州馬 의 이야기를 성산이 낳은 수마포를 바라보며 성산에게 들었다.

　일제강점기 다이너마이트와 곡괭이로 자기의 몸 18곳에 구멍을 내고 514m의 깊이로 파들어가는 고통을 참아낸 이야기를 성산이 내게 들려줬다. 우뭇개 동산에서 잠시 발길을 멈춰 한라산을 바라보고, 하늘이 허락하니 해 질 무렵 시나브로 성산을 맨발로 오른다.

　제주의 창조주 설문대할망이 터진 치마폭을 꿰맸다는 설화가 깃든 등경석 燈鏡石을 바라보고, 초관바위를 지나니 엄마 곰이 아기곰을 바라보는 듯한 형상의 곰바위가 우도를 가리고 서 있다.

하늘이 맑으니 제주 본섬의 모습이 한눈에 보인다.

한라산과 한라산 북동쪽의 꿈틀꿈틀 살아 움직이는 오름을 바라보며 "야~ 성산 아름답다!"라고 나는 감탄을 한다.

성산 아닌 것을 바라보며 성산 아름답다고 하지만, 지금 내가 서 있는 곳이 성산이니 내 눈에 보이는 것은 모두 성산이다. 정상 바로 아래 파고라에 앉아 겁劫의 세월 동안 바람風이 다듬은 응회하르방과 응회할망의 모습을 바라본다. 고깔모자를 쓴 응회하르방은 눈을 지그시 감고 북쪽 바다를 바라보고, 응회할망은 위에서 하르방을 지긋이 바라보고 있다.

나는 성산을 오를 때마다 할망, 하르방께 나의 소원을 이야기하고 산에 오른다. 간절히 기원을 하니 오늘 나에게 백록담 속으로 모습을 감추는 낙조의 모습을 보여줬다.

현무암의 돌로 만들어진 553개의 돌계단을 맨발로 올라 산의 정상에 도착했다. 산의 모습은 하나도 보이지 않고 해를 담을 만큼 큰 굼부리(분화구)의 모습만 보여주고 있는 산은 지상에 성산뿐인 것을 사람들은 그 모습을 보면서도 그 신비스러움을 잘 모른다.

굼부리의 지름, 동서의 길이가 600m이고, 깊이가 90m이다. 나는 지금 굼부리에 앉아 발바닥을 물티슈로 닦아 신발을 신고, 한라산과 오름 숲 사이로 모습을 감추는 성산낙조城山落照의 모습을 바라보고 있다.

오늘이 밤의 길이가 가장 긴 계묘년 동짓날이 지난 지 57일이 되는 2월 17일, 일몰 시각이 18시 17분이다. 백록담 속으로 모습을 감추는 낙조의 모습을 바라본다. 해가 백록담 속으로 모습을 감추니 제주 본섬이 남쪽 끝 바다에서 북쪽 끝 바다까지 발갛게 물들었다.

성산을 오르며 바라본 모든 모습이 성산이라고 했듯, 성산 정상에서 바라보았으니 성산낙조다.

성산일출의 모습은 장엄하고, 성산낙조의 모습은 황홀하다.

어제까지 성산 정상에서 바라보는 낙조의 모습은 백록담 왼쪽으로 해가 모습을 감추었으나 오늘 이후부터는 낮의 길이가 길어지며 백록담 오른쪽으로 해가 모습을 감출 것이다.

노을의 색이 어둠 속으로 아스라이 스며 간다. 어둠 속에 모습을 드러낸 한라산의 모습이 너무 황홀하다. 섬이 곧 한라산이고, 한라산이 곧 제주 섬이다. 섬이 완전히 어둠 속에 갇혔다. 성산리의 불빛이 산에서 내려오라고 한다.

하산로 614 계단 나무데크길을 걸어 산을 내려간다. 성산을 지키는 매바위가 어둠 속에 눈을 부릅뜨고 성산을 지킨다. 산을 다 내려왔다. 등반로 하산로를 합쳐 1.2km를 걸었다. 밤바다에 비친 우도의 야경이 참 아름답다.

우도 팔경 중 제2경인 야항어범夜航漁帆이다.

"이게 성산이다."

"이게 성산낙조다."

성산낙조를 보고 산에서 내려왔으니, 성산의 이야기를 더하고 눈을 감자. 성산의 옛 이름은 산이 온통 푸른 숲으로 덮여 있고, 푸른 바닷빛으로 온 산이 푸르게 보여 청산靑山이라 불렸다.

지금도 성산의 동쪽 바다에 몸을 담그고 가마우지에게 자기의 몸을 내주고 있는 작은 돌섬을 새끼 청산이라 부른다. 굼부리 안에서는 1970년대 초까지 성산초등학교 학생들이 공을 차며 놀았고, 1980년대 초까지 굼부리 안에서 마소를 방목했다. 조선시대에는 굼부리 안에 오원凹園이라 불리는 과원을 조성했으나 해풍과 해수의 영향으로 폐원했다는 이야기도 전해진다.

성산리는 우도의 면적(6.18km²)의 5분의 1도 채 되지 않는 작은 섬(1.225km²)이었다.

그 작은 섬에 초가지붕을 덮을 새(띠의 제주어)를 성산일출봉의 굼부리(분화구의 제주어)와 우뭇개동산, 등반로 오른쪽의 작은 초지에서 조달했다.

굼부리 안에서 초가지붕을 덮을 새와 마소를 먹일 꼴을 베어 마을로 굴려 보냈다. 1970년대 말 고교 시절 성산에 올랐을 때, 굼부리 안에서 한가로이 풀을 뜯는 말을 보기도 했고, 굼부리 안에 응회암이 만든 거대한 기암괴석의 모습을 보기도 했다.

그 시절 분화구를 빙 두른 99봉의 봉우리가 장군처럼 성城(분화구)을 지키고 있는 모습이 너무 선명했다. 그래서 산의 이름이 성산城山이다.

성산일출봉은 1976년 9월 9일 제주특별자치도 기념물 제36호로 지정되었다. 조천읍 교래리에 있는 산굼부리(1979년 6월 18일 천연기념물 제263호로 지정)가 개인 소유이듯 그 시절 성산의 굼부리와 우뭇개동산, 성산 아래 초지들은 대부분 개인 소유였다고 한다.

성산은 산굼부리보다 늦은 2000년 7월 18일 천연기념물 제420호로 승격이 되어 제주특별자치도는 개인 소유의 땅을 적극적으로 매입하며 지금의 모습을 갖추어 간다.

서울의 리라 재단은 우뭇개 포구가 한눈에 바라보이는 우뭇개동산 위에 1970년 일출봉 호텔을 지었고, 등반로 오른쪽 초지에 골프장을 건설했다. 초지에서 헬기가 이륙하여 성산과 우도를 한 바퀴 도는 헬기 관광을 하기도 했다. 신혼부부를 태운 헬기가 1984년 10월 1일 추락하면서 기장과 함께 목숨을 잃는 사고가 발생한 후 헬기 관광은 막을 내린다.

1972년 7월에 개관하여 1980년까지 8년간 운영을 해오던 일출봉 호텔은 1981년 11월부터 휴업상태로 지내다 1984년 제주도종합개발계획에 의하여 호텔 지역이 공원지구로 확정됨에 따라 철거 대상 건물이 되고 말았다.

제주 섬은 2007년 7월 2일, UNESCO에 "제주 화산섬과 용암동굴"이라는 이름으로 "세계자연유산"으로 등재되었다. 그 핵심구역이 '한라산 천연보호구역', '거문오름 용암동굴계', '성산일출봉 응회구' 이다. 제주 섬이 세계자연유산으로 지정될 무렵, 지역주민들의 반대를 설득하여 성산일출봉 응회구가 세계자연유산의 핵심구역으로 지정되는 데 공을 세운 성산리 제43대 이장을 역임한 한원택 세계자연유산 해설사는 지정이 된 후, 굼부리 안에 개인 소유의 땅을 특별조치법으로 제주도로 이전했다는 이야기를 전한다.

1980년대부터 굼부리 안에서 마소의 방목이 사라지고, 2007년 세계자연유산으로 지정이 된 후, 사람의 발길을 조금도 허용하지 않는 성산일출봉의 분화구는 넝쿨과 나무가 무성하여 굼부리를 빙 두른 99봉, 장군석 봉우리의 모습은 사라지고. 굼부리 안 초지에는 2m가 넘는 대나무가 응회암이 만든 기암괴석의 모습을 다 앗아갔다.

굼부리 안에서 한가로이 풀을 뜯는 마소의 모습을 보고 싶다. 다시 방목하면 칡넝쿨은 말이 다 먹어 치워 원래 성산 굼부리의 모습을 되찾을 수 있지 않을까 생각하지만, 나는 학자가 아니니 다른 악영향은 잘 모른다.

지금 굼부리 안에는 잡목과 곰솔이 너무 무성하게 자랐고, 대나무와 칡넝쿨이 굼부리의 모습을 다 앗아갔다. 180m의 성이 99봉우리의 성을 받치고 있는

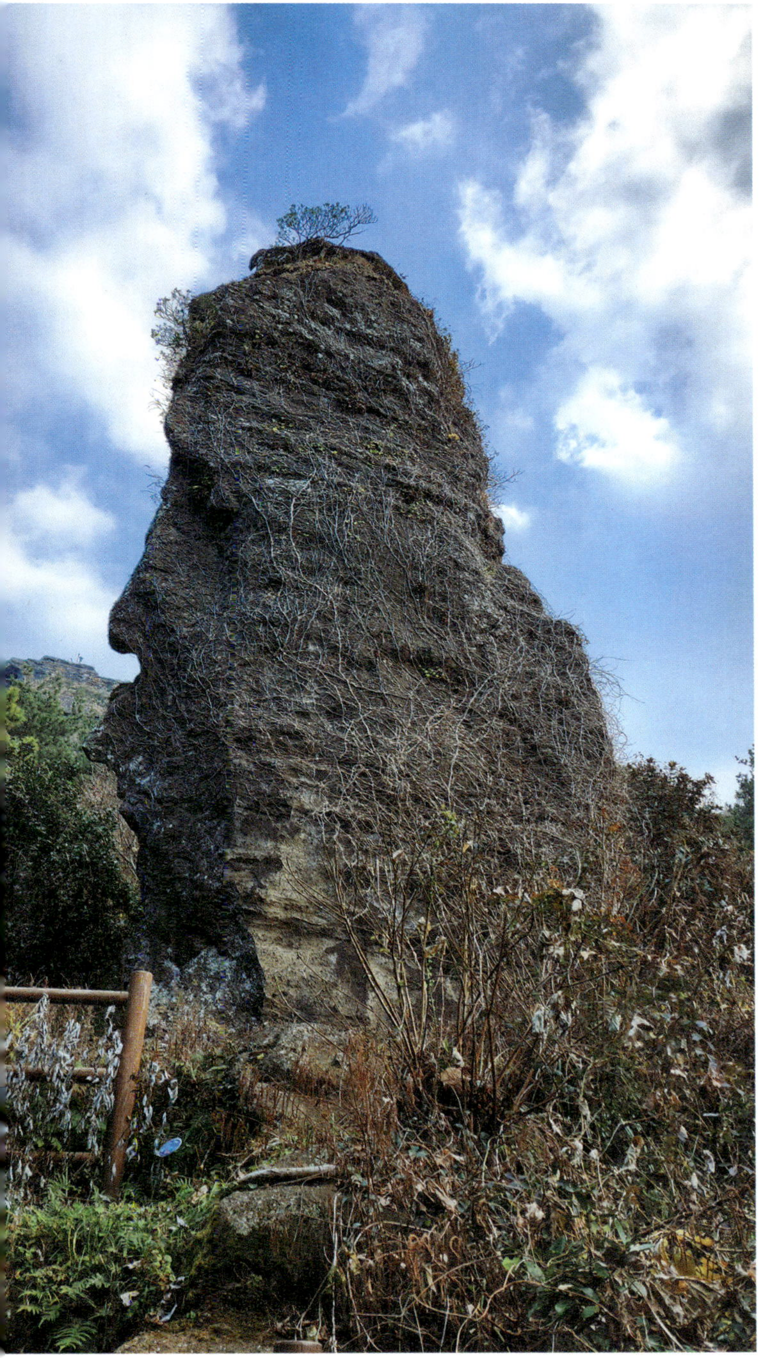

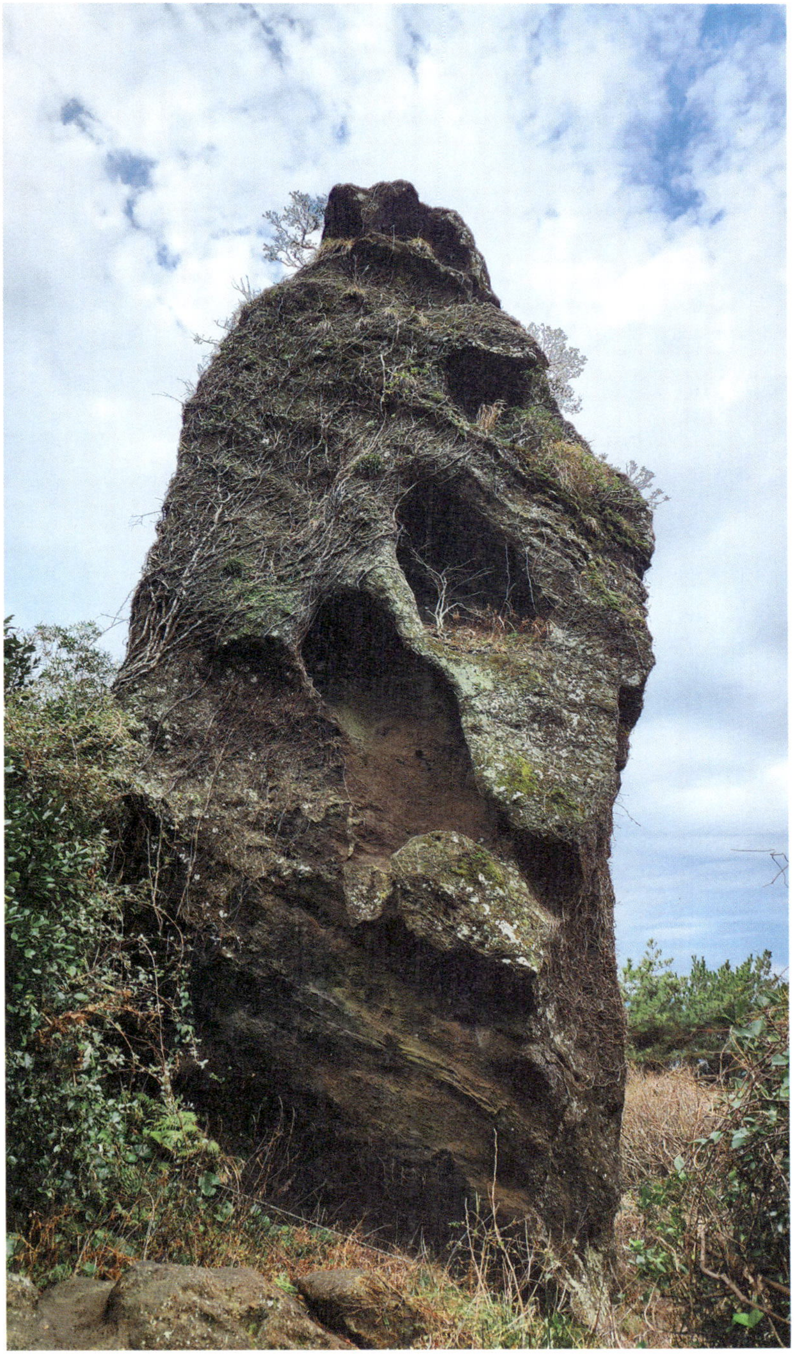

1 엄마 곰이 아기곰을 바라보는 모습,
곰바위

이제 성산이다

산은 지상에 성산뿐이다. 성산일출봉 응회구는 전 세계인들과 함께 보존해야 할 세계자연유산이다.

조선 중기 명문장가로 이름을 떨친 시인이자 문신 백호白湖 임제林悌의 기행문 『남명소승南溟小乘』 중 성산에 대한 글의 일부를 이곳에 옮긴다.

"성산도는 한 떨기 푸른 연꽃이 바다 물결 가에 나온 듯한데 그 위에는 돌 절벽이 빙 둘러 있어서 마치 성곽 같다. 그 속은 대단히 평탄하고 넓으며 풀과 나무가 나 있다. 그 아래로는 바위 봉우리가 기괴하게 서 있는데 더러는 돛대와 같고, 또는 천막 같고, 휘장 덮게 같고, 또는 새나 짐승과 같아 만 가지 천 가지 모습을 이루 다 기록하기 어렵다."

성산은 산으로 이루어진 성이라고 해서 옛날에는 산성이라고도 불렸다. 청음淸陰 김상헌金尙憲은 『남사록南槎錄』에 성산을 "갑자기 툭 튀어 올라 바닷속으로 달려 들어갔는데 그 산세가 병의 주둥이 같다."라고 묘사했다.

또한 기암괴석으로 이루어진 그 이상스러운 모습을 "짐승이 달리는 것 같기도 하고, 양의 창자처럼 꼬불꼬불하다."라고 비유한 그는 "옛날에는 이곳에 나무가 무성하고 빽빽하여 사람이 드나들지 못해 벼랑을 잡고 엿보아야 그 신선 세상을 볼 수 있다."라고 했다.

동백이 가장 많고, 두충杜沖과 적률赤栗(구슬잣밤나무) 같은 진기한 나무가 즐비하며, 가지가 엉켜 구름에 이어지고 해를 가려 일 년 내내 푸른데 짐승 발자국이나 새의 자취도 역시 다가서지 못한다고 했다. *

백호 임제와 청음 김상헌이 이야기한 성산의 모습은 다 어디로 사라졌단 말인가.

'성산城山은 의구依舊한데, 성산의 굼부리와 굼부리를 지키는 99봉우리의 모습은 다 어디로 갔단 말인가.'

성산리 주민들은 성산을 오를 때마다 제주의 창조주 설문대할망께 두 번의 절을 올리고, 삼별초 김통정 장군께 두 번의 절을 올렸다.

엄마 곰의 모습을 한 왼쪽 응회암의 바위가 오른쪽의 아기곰을 바라보고 있다.

*『옛 그림으로 본 제주』 최열 지음

1 겁(劫)의 세월 동안 바람(風)이 다듬은
응회하르방, 응회할망.

성산일출봉 정상 바로 아래 파고라에 앉아 휴식을 취하며 북쪽을 바라보면 영겁의 세월 동안 바람이 갈무리한 응회하르방과 응회할망의 모습이 보인다. 사람 머리의 형상을 한 바위가 눈을 지그시 감고 북쪽을 바라보고 있다. 나는 성산을 오를 때마다 할망, 하르방께 나의 소원을 이야기하고 산을 오른다. 할망과 하르방께서는 나의 소원을 다 들어주었다.

1 성산일출봉 분화구의 모습, 산의
정상에 올랐는데 산의 모습은 보이지
않고, 분화구의 모습만 보인다.
(분화구에 눈이 쌓였다.)

성산일출봉 정상에 오르면 산의 모습은 오간 데 없고 해를 담을 넓고 큰 굼부리의 모습만 보인다. 우리나라에서 제일 높은 산, 한라산의 굼부리(분화구의 제주어) 백록담보다 성산의 굼부리 면적이 더 넓다. 능선의 모습도 보이지 않는다. 우리는 굼부리에 앉아 굼부리의 모습을 바라보고 있다. 백록담의 면적: ≒200,000m². 성산일출봉 굼부리의 면적: ≒204,000m²

2024년 2월 17일 일몰 시각 18시 17분, 18시 07분에 해가 백록담에 빠졌다. 제주의 창조주 설문대할망은 제주 섬을 다 지어놓고, 자기가 지은 섬의 모습을 보고 싶어 제주의 동쪽 끝에 성산을 지었다.

1 성산일출봉 정상에서 바라본
성산낙조(城山落照), 해가 백록담
속으로 모습을 감춘다. (2024년 2월
17일, 낙조 시각은 18시 17분.)

　해 질 무렵 등경돌에 앉아 치마폭을 꿰매는데 제주 섬이 벌겋게 물들었다.
내가 섬을 지었는데, 성산에서 바라보니 해가 뭍으로 모습을 감추는구나.

　해가 뭍으로 모습을 감추니 제주는 대륙의 땅이다. 국토 면적의 1.8%를 차
지하는 제주도에 우리나라에서 가장 높은 한라산이 섬의 중심에 있고, 동서남
북으로 태어난 날이 각기 다른 360여 개의 오름이 한라산과 섬을 지킨다.

　섬이 곧 한라산이고, 한라산이 곧 제주 섬이다.

　성산의 가장 큰 아름다움은 성산에 올라 한라산을 섬의 가운데 두고 제주 섬
의 남쪽 바다와 북쪽 바다를 한눈에 볼 수 있음에 있다고 나는 생각한다.

　나는 세계자연유산 성산일출봉의 이야기를 전 세계에 알리는 "세계자연유
산 해설사"이다. 나는 성산을 몇 번 올랐는지 잘 모른다.

　어느 날 성산에 와 순간의 모습을 스마트폰에 담으려고 하루에 성산을 다섯

번씩 오른 적이 있으니 말이다.

　지금 오르는 성산이 가장 아름답고, 지금 오르는 성산보다 더 아름다운 성산은 내가 다시 오를 성산이다. 그러니 지금까지 '본' 성산보다, 앞으로 '볼' 성산이 더 아름다운 것이다.

　자연에 투정 부리지 마라. 자연에 투정 부리면 자연은 자기의 모습을 다 보여주지 않고, 자연에 찬사를 보내면 자연은 자기의 모습을 다 보여준다. 가장 아름다운 자연은 사람이고, 자연 중에 가장 위대한 자연은 지금 자연을 바라보는 내 눈眼이다.

　내 눈이 가장 위대한 자연임을 알면 자연이 보인다.

　"성산일출城山日出의 모습은 장엄하고, 성산낙조城山落照의 모습은 황홀하다. 이게 성산이다."

1 우도의 야경과 우도 팔경 중 제2경인
야항어범(夜航漁帆)의 모습

성산일출봉 동쪽의
바다에 몸을 담그고
있는 새끼 청산.

성산리에 불빛이 환하게 밝으니, 성산은 어둠을 품었다.

산에서 내려간다. 매바위가 눈을 부릅뜨고 성산을 지키고 있다. 하늘을 올려다보니 별빛이 참 밝다.

성산을 내려와 우뭇개동산에서 바라본 우도 야항어범夜航漁帆의 모습. 우도팔경牛島八景은 1982년 우도초중학교 초대 교장으로 부임한 김찬흡金粲洽 선생이 명명한 것들이다. 晝, 夜, 天, 地, 前, 後, 東, 西의 순서대로, 1. 주간명월晝看明月 2. 야항어범夜航漁帆 3. 천진관산天津觀山 4. 지두청사地頭靑莎 5. 전포망도前浦望島 6. 후해석벽後海石壁 7. 동안경굴東岸鯨窟 8. 서빈백사西濱白沙의 팔경이다. 여기에 2016년 교장으로 부임한 문영택文永澤 선생은 2경(南, 北)을 더해 우도십경牛島十景을 지었다. 9. 남도비양南島飛陽과 10. 북해석문北海石文이 보태졌다.

성산의 옛 이름은 산이 푸른 숲으로 덮여 있고, 바닷빛에 산이 푸르게 보여 청산靑山이라 불렸다. 성산일출봉 북동쪽 바다에 작은 돌섬이 성산과 이웃해 있다. 이 작은 돌섬을 새끼 청산이라 부른다.

　　1970년대 중반까지 성산초등학교 학생들이 성산일출봉 굼부리 안에서 공을
차며 놀았다. 이 사진은 1964년생들이 5, 6학년 때 공을 차며 놀았던 모습이라
고 한원택 세계자연유산 해설사는 이야기하고 있다.

　　1980년대 굼부리의 모습. 1980년대 초까지 마소를 방목했고, 그때까지는
개인 소유였다. 이게 성산일출봉 굼부리의 옛 모습이다. 응회암의 기암괴석이
웅장하다. 지금은 칡과 넝쿨, 소나무, 대나무로 숲을 이루어 굼부리의 옛 모습
을 볼 수가 없다. 이 모습으로 굼부리의 모습이 복원되어야 한다.

　　1980년대 성산일출봉 정상에서 바라본 성산일출. 굼부리 주위에 99봉우리
의 모습이 선명한데, 지금은 이 모습을 볼 수가 없다.

성산일출봉 정상에서 바라본
성산일출의 모습, 굼부리 주위에
99봉우리가 선명하다. 〈사진 제공:
성산리 43대 이장을 역임한 한원택
세계자연유산 해설사〉

성산일출봉 굼부리 안에서 공을 차는
성산초등학교 학생들 〈사진 제공:
성산리 43대 이장을 역임한 한원택
세계자연유산 해설사〉

성산일출봉 바로 아래 우뭇개동산에
지어진 일출봉관광호텔, 1972년 7월
3일 개관되었다. 〈사진 제공: 성산리
43대 이장을 역임한 한원택
세계자연유산 해설사〉

리플렛. 리라 재단이 성산일출봉에 지은
골프장, 풀장, 우뭇개 포구의 해수욕장 등
관광시설. 〈사진 제공: 성산리 43대 이장을
역임한 한원택 세계자연유산 해설사〉

1 굼부리 안에 자생하는 대나무. 키가
2m가 넘는다.

우묵개 포구 위 우묵개동산에 지어진 일출봉관광호텔, 개관되었을 때 동네
분들이 춤을 추고 있는 모습이다.

우묵개동산에 1972년 7월 개관한 일출봉 호텔. 1980년까지 8년간 운영해
오다 1981년 11월부터 휴업상태로 지내다가 1984년 제주도종합개발계획에 의
하여 호텔 지역이 공원지구로 확정됨에 따라 철거 대상 건물이 되고 말았다.
상상도 할 수 없는 일이지만, 40년 전까지는 그랬다.

응회암 기암괴석의 모습이 보이고 동네 아이들이 공을 차며 놀았던 이곳에
대나무가 자라 굼부리의 모습을 모두 앗아갔다.

섭지코지에서
성산과 우도를 바라보다

가자, 동해로!

광치기해변에서 바라본 성산일출

수평선으로 솟는 해를 성산과 함께 보아야 성산일출城山日出이다. 성산일출의 모습은 추秋·동절기冬節期에는 광치기해변에서, 춘春·하절기夏節期의 광치기해변에서는 성산이 수평선으로 솟는 해를 가리니 우도 전망대에서 성산일출을 기다려야 한다. 하지만 섭지코지의 성산일출은 계절과 관계가 없다.

동절기冬節期에는 성산과 거리를 두고 해가 솟고, 하절기夏節期에는 성산 가까이에서 해가 솟는다. 섭지코지에 오면 제주의 동쪽 끝은 방위상 우도임을 알 수 있다. 우도가 가장 앞서 있고, 다음이 새끼 청산, 그리고 성산과 어깨를 붙이고 있는 어깨 바위와 함께 성산이 보인다.

제주 섬에는 비양도가 둘이다.

우도의 비양도飛陽島와 한림 앞바다에 있는 비양도飛揚島이다. 우도에 있는 비양도는 우도와 바다를 사이에 둔 아주 작은 섬이었으나 지금은 다리로 이어져 있다. 우도의 비양도는 제주 섬에서 가장 먼저 해를 받는 섬이다. 해를 가장 먼저 받으니, 한자로는 볕 양陽자를 쓰고, 한림의 비양도는 전설에 솟아오른 섬이라 해서 오를 양揚자를 쓴다.

섭지코지의 일출은 강한 파도가 치는 맑은 날이면 더할 나위 없이 장엄하다. 강한 바람과 싸우는 우도와 성산, 거대한 파도가 바람에 힘을 얻어 검은 현무암에 부서지는 하얀 포말泡沫이 장관이다. 그 포말에 여명의 노을이 찰나의 순간 숨어든다.

날씨 맑은 날 늦은 오후에 이곳에 오면 부서지는 하얀 포말에 무지개가 뜬다. 스스로自 그러한然 자연自然은 천지 우주 만물이 오가며 만나는 순간의 찰나가 자연이다. 그 자연의 아름다움은 자연보다 더 부지런해야 볼 수 있다. 지금 바라보는 자연이 가장 아름다운 것이다.

"자연에 투정 부리지 마라. 자연에 투정 부리면 자연은 자기의 모습을 보여주지 않고, 자연에 찬사를 보내면 자연은 자기의 모습을 다 보여준다. 가장 위대한 자연은 지금 자연을 바라보는 내 눈眼임을 알아야 자연이 보인다."

우도와 성산은 강한 바람을 등지고 달려오는 파도를 부수며 앞서거니 뒤서거니 동해로 달려간다.

성산

가자! 동해로
해 오르다 바다에 빠지면
그 해 받을 굼부리[1] 누더냐.

웃드르[2]에 산굼부리가 올 수 있다더냐,
부악[3]의 백록담이 올 수 있다더냐.
내 해 떨어질까,
바다에 몸 담궜다.

5천 년 전 불과 불의 힘으로
태어난 난,
제주 섬과 떨어진 섬이었으니.

터진목[4]에 닻을 올려
동해로 가자.
내 굼부리에 돛을 올려
동해로 가,
독도를 만나고 오자.

해가 솟는 장소를 미리 알려주는 여명의 검은 노을이 붉은색으로 변하다 가장 붉은 곳으로 해가 솟아오른다. 일출의 순간보다 여명의 노을이 더 장엄하다. 광치기해변이나 우도 전망대에서 성산일출의 모습을 보았으면, 섭지코지로 발길을 옮겨 성산과 우도를 바라보며 섭지코지를 한 바퀴 빙 돌아보라.

[1] 분화구의 제주어
[2] 해안마을 벗어난 중산간 지역을 일컫는 제주어이다.
[3] 한라산의 분화구 백록담이 가마솥처럼 생겼다. 한라산을 조선시대 가마 부(釜)자를 써서 부악(釜岳)이라고도 했다.
[4] 1930년까지 성산리는 제주 본섬과 떨어진 섬이었다. 제주 본섬과 떨어진 그곳을 터진목이라 한다.

전체 둘레길의 거리는 약 4km이다. 섭지코지는 약 6,700년 전 스트롬볼리형 화산 분화로 처음 형성된 후, 여러 차례의 화산활동과 용암 분출이 복합적으로 진행되며 만들어진 곳이다. 원래는 섬이었으나, 이후 사주(모래톱)가 발달해 제주 본섬과 육계사주陸繫砂洲로 연결된 육계도가 되었다고 한다.

불이 물을 만나 예술을 부린 해안선을 천천히 둘러보아도 2시간이 채 걸리지 않는다. 섭지코지에 세워진 전망대에 올라 눈 아래 성산과 우도를 바라보고, 섭지코지에서 성산일출을 보았다면 아직 붉은빛을 가지고 있는 해가 비친 한라산과 오름들을 바라보라. 다시 광치기해변으로 발길을 옮기기 전 섭지코지의 이야기를 하고 섭지코지를 떠나자.

섭지코지는 좁은 땅이라는 뜻의 제주어 '섭지(협지)'와 '곶'이라는 뜻의 '코지'가 합쳐져 생긴 지명이다. 이 일대를 방두반도라고도 한다. 섭지코지로 들어서는 입구는 매우 좁다. 이 입구는 풍성사구층(바람의 영향으로 쌓인 모래언덕), 북쪽의 광치기해변, 남쪽 신양리 해변으로 연결돼 있으며, 조선시대 만들어진 제주도의 관방유적關防遺蹟의 하나인 협자연대俠子煙臺가 붉은오름(해발 33.5m)에 세워져 있다. 해안을 따라 발달된 용암류의 지형 그리고 방두포 등대가 위치한 선돌분석구와 선돌바위가 있다.

섭지코지 전망대에서 방두포 등대와 선돌바위를 바라보자. 선돌바위는 높이가 대략 10m 정도 되는데, 선돌바위는 화도에 있던 용암이 굳어져 형성된 암경(volcanic neck)에 해당된다고 한다. 즉 선돌바위는 화산폭발이 일어난 분화구의 중심부가 남아있는 것이라고 한다. *

성산일출을 맞이한 커피 향이 참 좋다.

카페에 앉아 갓 구워낸 빵과 함께 커피를 마시며 성산을 바라본다. 광치기해변은 만조의 모습과 간조의 모습이 다르다. 길은 다시 광치기해변에 있는 제주 올레 2코스를 걸어 불이 바라춤은 춘 오조리 해안을 걷는다.

추秋 · 동절기冬節期에는 광치기해변에서, 춘春 · 하절기夏節期에는 우뭇개 포구 위 우도 전망대에서 성산일출을 보아야 한다.

광치기해변 성산일출의 모습은 너럭바위가 완전히 모습을 드러낸 간조 시

*한국지질자원연구원(KIGAM)과 제주연구원(JRI)이 2020년에 발간한 〈제주도 지질여행〉

1 광치기해변에서 바라본 성산일출

간이 가장 아름답다. 해가 솟는 새벽에는 바람이 잠을 자는 날이 많다. 성산이 하늘못에 반영이 되었다. 구름 한 점 없는 스펑선 위로 오메가처럼 솟는 일출의 모습이 아름답기도 하지만, 해는 구름이 있어야 노을을 그린다. (너럭바위가 완전히 모습을 드러낸 성산일출의 모습을 보려면 음력으로 초사흘 전후, 열여드레 전후가 좋다.)

1 우도 전망대에서 바라본 성산일출

![섭지코지에서 바라본 성산일출]

1 섭지코지에서 바라본 성산일출

    춘·하절기에는 우뭇개 포구 위 우도 전망대에서 성산일출을 보아야 한다. 수평선 위로 솟는 해를 우도가 빤히 바라보고 있다.

    섭지코지의 성산일출은 계절과 관계가 없다. 추·동절기에는 성산과 거리를 두고 해가 솟고, 춘·하절기에는 성산 가까이에서 해가 솟는다. 섭지코지에 오면 제주의 동쪽 끝은 방위상 우도임을 알 수 있다. 우도가 가장 앞서 있고, 다음이 새끼 청산, 그리고 성산과 어깨를 붙이고 있는 어깨 바위와 함께 성산이 보인다.

섭지코지에서 바라본 성산과 우도,
새끼 청산은 큰 파도에 머리만 살짝
내밀었다. 성산이 굼부리에 돛을 세워
동해로 달려갈 태세다.

    섭지코지에서 바라보는 성산일출의 모습은 파도가 강하게 쳐야 더 장관이
다. 범선의 모습을 한 성산은 우도와 앞서거니 뒤서거니 하며 동해로 달려간
다. 파도가 강하게 치는 날, 오후 1~2시 사이 섭지코지에 오면 강하게 부서지
는 하얀 포말泡沫 속에 찰나의 순간 무지개가 뜬다.

    강렬한 태양 빛을 받고 한라산 북동쪽에 있는 오름 위에 구름이 붉게 물든
다. 성산 왼쪽에 바우오름(식산봉), 지미봉, 두산봉의 모습이 보인다.

1 성산일출봉 왼쪽에 식산봉(바우오름),
지미˙봉, 두산봉이 보인다.

선돌바위

선돌바위는 높이가 대략 10m 정도 되는데, 화도에 있던 용암이 굳어져 형성된 암경(volcanic neck)에 해당한다. 다시 말해 선돌바위는 화산폭발이 일어난 분화구의 중심부가 남아있는 것이다.

조선시대 만들어진 제주도의 관방유적關防遺蹟의 하나인 협자연대俠子煙臺가 붉은오름(해발 33.5m)에 세워져 있다.

조선시대 제주에는 38개의 연대가 있었다. 제주 섬 가장 동쪽 끝에 있는 연대이다. 성산일출봉 정상에는 봉수烽燧가 있었다.

성산일출봉 정상에 올랐다가 산에서 내려왔으니, 성산을 보았다고 할 수 있는가. 이 신양리사구는 성산을 지으며 부서진 화산쇄설물이 쌓여 만들어졌다. 산이 더 큰가, 섬이 더 큰가. 섬을 보지 않고 성산을 보았다고 하지 마라.

협자연대(俠子煙臺)

간조에 모습을 드러낸
수천 평의 신양리사구

이계 성산이다

나^晉(나 오)를 비추다, 너를 비춘^照(비출 조)다. 그래서 마을의 이름이 오조리^{晉照里}이다.

강풍에 내리는 폭설을 온몸으로 맞는 성산, 흰 눈이 바닷물에 빠지지 않으려 광치기해변 파도 위를 하얗게 날아다닌다. 그러다 찰나의 순간에 바람이 멈추면 수천만 마리의 하얀 벌 떼는 광치기 바다에 빠져 바닷물이 된다.

나는 겨울에 성산에 내리는 눈을 볼 때 가끔 이런 생각을 한다. 어떻게 수증기로 하늘에 올라가 눈으로 내릴까.

저 눈은 이곳의 물이 하늘에 올라가 자기가 물로 있던 고향에 눈으로 내리는 걸까. 성산은 겨울에 두 번, 만설滿雪이 된다.

광치기해변 제주올레 2코스의 시작점, 간세를 타고 올레 코스의 리본을 따라 오조리에 들었다. 현무암의 파호이호이 용암이 만든 오조리 해안, 그 해안선에 오조리 바다 연못이 있다. 바닷물은 어떻게 이곳에 바다 연못이 있는 줄 알고 왔을까. 내비게이션에게 길을 물어 이곳에 들었을까.

제주에는 눈이 참 많이 내린다. 한 해에 두 번 성산엔 만설이 된다.
광치기해변은 제주올레 2코스 시작하는 지점이다.

제주의 창조주 설문대할망은 성산을 다 지어놓고 가까운 곳에 바우오름을 만들어 그 오름에서 성산을 갈무리했다고 한다. 그래서 바오름(바우오름의 다른 이름)에서 바라보는 성산일출봉이 가장 아름답다. 이 길을 놀멍(놀며), 쉬멍(쉬며), 걸으멍(걸으며) 오조리에 다녀오자.

광치기해변 제주올레 2코스의 시작점에서 올레 리본을 따라 편도 2차선 도로를 건너니 또 다른 바다가 보인다. 광치기해변과 20여 미터 거리를 둔 바다가 잔잔한 호수 같다. 성산항이 보이는 큰 다리, 한도교라 불리는 성산갑문의 안쪽이 오조리 내수면이다. 내수면을 가로지르는 둑을 만들어 놓았다. 그 둑을 걸어 오조리로 향한다.

흙 한 줌 없을 듯한 작은 돌섬 위에 뿌리를 붙인 곰솔의 모습이 참 의연하다. 잔잔한 호수에 비친 곰솔, 그리 몸단장하니 이리도 고우냐. 짧은 숲길을 걷는데 숲이 바다를 감췄다.

오조 포구에 도착했다. 1994년 12월 한도교가 완공이 되어 바닷길을 막기 전까지 이 포구에는 여러 척의 배들이 포구를 지켰다.

조선시대 제주의 관방유적關防遺蹟은 3성城 9진鎭 25봉수烽燧 38연대煙臺 외에 섬을 빙 두른 해안에 10수전소水戰所가 있었다. 수전소는 건입포, 조천관포, 김녕포, 벌랑포(용담동), 도근천포(외도동), 애월포, 명월포(옹포리), 화북포, 어등포(행원리), 오소포(오조리) 등에 있었다.

오조포는 전선戰船과 해군이 있던 10수전소의 하나였다. 숙종 28년(1702년) 제주에 부임한 이형상 목사가 화공 김남길의 손을 빌려 그린 탐라순력도耽羅巡歷圖 수산성조首山城操의 그림에 오조포의 전선이 그려져 있다. 이제는 성산갑문이 만들어져 바닷물을 가두니 배가 드나들 수 없다.

큰 바다 연못에 현무암의 돌담을 쌓아 여러 개의 작은 연못으로 나누어 놓았다. 이곳이 제주도 제1호 양어장이다. 1961년 5·16 군사정변 이후 재건국민운동의 일환으로 박정희 국가재건최고회의 의장의 20만 원의 하사금과 농촌진흥기금 30만 원을 합치고, 그 당시 마을 주민들의 무임금 피땀으로 호수 안에 현무암의 돌담을 쌓아 지어진 양어장이다.

주민들의 피땀으로 쌓아 인공적으로 만들어진 담이지만 오랜 세월이 흐르니 원래 그 자리에 있었던 듯 하나의 자연인 듯하다. 철새들이 바다 호수에서 자맥질하며 먹이잡이를 한 후 돌담과 돌섬에 앉아 깃털을 다듬으며 몸단장하다 하품하며 눈을 비빈다.

이 양어장은 수익적인 면에서는 큰 소득을 얻지 못해 현재는 양어장으로 활용하지 않고 있다. 1962년도에 주민들이 피땀으로 양어장을 만들며 공사 기간 내에 마을 자산으로 등기하는 부분이 소홀이 되다 보니 안타깝게도 현재는 국가 소유자산으로 남아있다고 한다. 가난한 어촌에 마을의 자생 기반을 도와주기 위해 국가의 돈이 들어왔는데, 주민들의 피땀으로 만든 양어장이 국가의 자산으로 되어 버렸다.

이 오조 포구는 성산갑문으로 바닷물의 수우를 조절하기에 간干·만조滿潮 시간에 바닷물이 들고 낢이 참 차분하다. 바람 게으른 날 얇은 비닐을 덮어 놓은 듯한 오조 포구, 성산월출봉 위로 솟아오른 둥근달이 어둠을 깔아 기름을 바른 듯 매끄러운 오조리 바다 연못 거울에 자기를 비춰본다.

'나(吾. 나 오)를 비추고, 너를 비춘(照. 비출 조)다. 그래서 마을의 이름이 오조리吾照里이다.'

둥근달이 하늘 위로 더 솟아오르면 오조리 바다 연못 거울에 비친 달은 점점 바닷속으로 들어간다.

바람이 게으르고, 달도 게으르니 나는 더 한량閑良이 되어간다.

섬처럼 바다 위로 떠 있는 오름이 보인다.

거대한 바위가 있는 바오름(바우오름)이다. 제주 섬은 왜구들의 침입이 잦았다. 그래서 이 오름을 낟가리로 위장하여 식량이 많은 것처럼 보이게 해 왜구들의 침입을 막았다는 이야기가 전해진다.

그 뒤로 오름의 이름을 식산봉食山峰이라 부른다.

그 돌산에 해송과 상록활엽수림이 원시 자연림처럼 군락을 이루었다. 해발 60m인 이 오름은 천천히 올라도 10분이면 정상에 도착해 설문대할망이 갈무리한 성산일출봉의 의연함을 볼 수가 있다. 왼쪽으로 고개를 돌리면 우도의 모습이 보이고, 뒤돌아서면 한라산과 오름들이 숲 사이로 사열을 받는다. 정자에 한참을 앉아 있어도 눈이 게으를 수가 없다.

현무암의 파호이호이 용암이 바라춤을 추며 만든 꾸불꾸불 한 오조리 해안이 숲사이로 보이고, 그 바다 연못에 양어장을 만들며 돌담을 쌓은 모습이 간조에 선명하다.

오름을 다 내려오면 제주특별자치도 기념물 제47호로 지정된 누런 무궁화 황근黃槿 자생지가 보인다. 우리나라에서 자생하는 유일한 토종 무궁화, 황근 자생지는 제주도와 남해안 등 여러 곳에 있으나 이곳이 국내 최대 규모로 알려져 있다. 6월과 8월 사이 꽃을 피우는데 만개하면 오조리 바다 연못과 어우러져 장관을 이룬다. 바다 연못 돌 섬, 흙 한 줌 없는 곳에 뿌리를 내리고 꽃을 피운 모습은 참 아름답다.

아~ 황근은 염습지에 자생하는 식물이구나. 무분별한 난개발로 멸종위기 식물로 지정이 되었다가 활발한 복원 사업으로 2022년 멸종위기에서 벗어났다. 우리나라에서 가장 키가 큰 황근을 이곳에서 볼 수가 있다. 가을이 오면 염습지에 자라는 갈대가 꽃을 피우고, 돌섬 위에 억새가 꽃을 피운다. 갈대꽃과 억새꽃을 한곳에서 볼 수 있는 참 특이한 자연의 혜택이 머무는 곳이다.

나무데크로 만들어진 다리를 지나 오조리 마을 안 길에 들었다. 비 내리는 날 나막신을 신고 걸어도 발이 젖지 않는다는 오조리, 아름다움을 보존하기 위해 마을의 어른들은 제주를 한 바퀴 도는 일주도로가 마을 안을 지나는 것을 막았다고 한다. 제주에서 담이 가장 아름다운 마을, 감귤창고와 비료창고가 다 돌담으로 지어져 있다. 제주의 아름다움은 담이 지은 선線에 있다. 그 선의 아름다움을 볼 줄 알아야 제주가 보인다.

제주올레 2코스의 길을 걸으며 해안선을 따라 오조리 마을을 빙 도는 끝머리에는 내수면을 가로지르는 작은 돌다리가 놓여 있다. 이 돌다리를 건너면 성산읍 고성리이다. 돌다리의 폭이 아주 좁은데 물길을 튼 곳에는 한 사람이 중심을 잡고 조심히 건너야 하는 쪽다리로 만들어져 있다.

이 다리가 언제 만들어졌는지는 전해지지 않는다. 어느 날 저녁 어느 집의 며느리가 이 다리를 건너다 물에 빠져 죽는 일이 벌어졌다. 그 후로 이 다리를 매누리(며느리의 제주어) 다리라 부르고 있다. 가까운 곳에 그 원혼을 달래려 신당이 있다고 전해지는데, 당이 사라졌는지 당의 모습은 확인할 수 없다.

다리를 건너 성산읍 고성리에 들었다. 포장도로가 보인다. 오른쪽으로 가면 제주올레길이 계속 이어지고, 왼쪽으로 약 1km만 걸어가면 제주올레 2코스의 시작점 광치기해변이다.

한라산

성산갑문

오조리 내수면

터진목

1 성산일출봉에서 바라본 성산갑문이
바닷물을 가둔 오조리 내수면의 모습

오조리 해안을 걸으며 언뜻언뜻 성산을 바라보았고, 바오름에 올라 소나무 숲 사이로 성산을 바라보았고, 오조리 마을 안 길을 걸으며 예고 없이 불현듯 나타나는 성산을 바라봤다. 한참 눈을 그곳에 두고 성산을 바라본다.

"이게 성산이다."

얼마나 성산이 아름다운가.

성산을 오르며 성산을 보았는가. 성산을 오를 땐 성산이 보이지 않는다. 성산을 내려와야 성산의 모습이 보인다. 그러나 성산에 여행을 왔으니 내 눈에 보이는 것은 모두 다 성산이다.

오조리 해안을 걸으며 성산을 바라보다, 세 시간 만에 광치기해변에 도착했다. 만조의 광치기해변 모습과 간조에 모습을 드러낸 너럭바위가 보이는 광치기해변의 모습은 다르다.

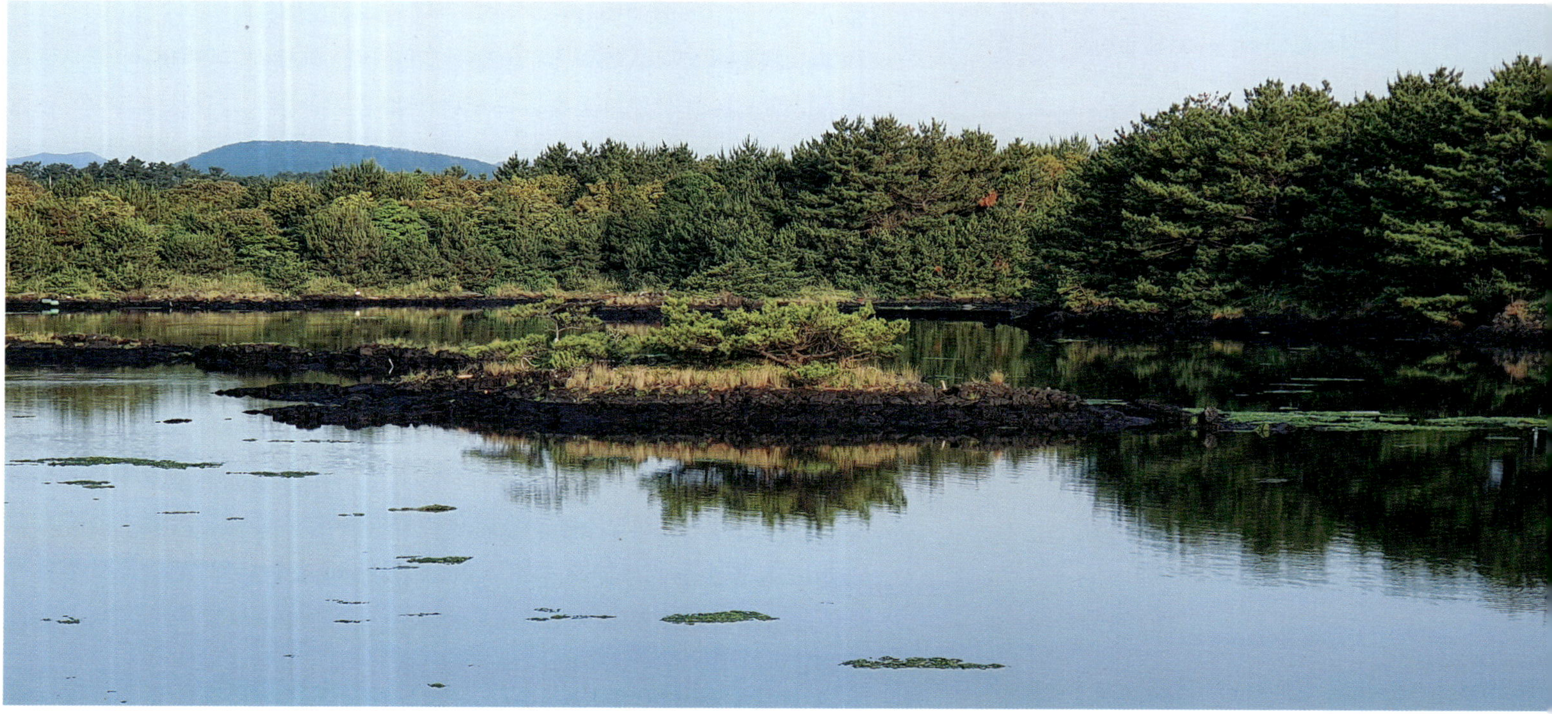

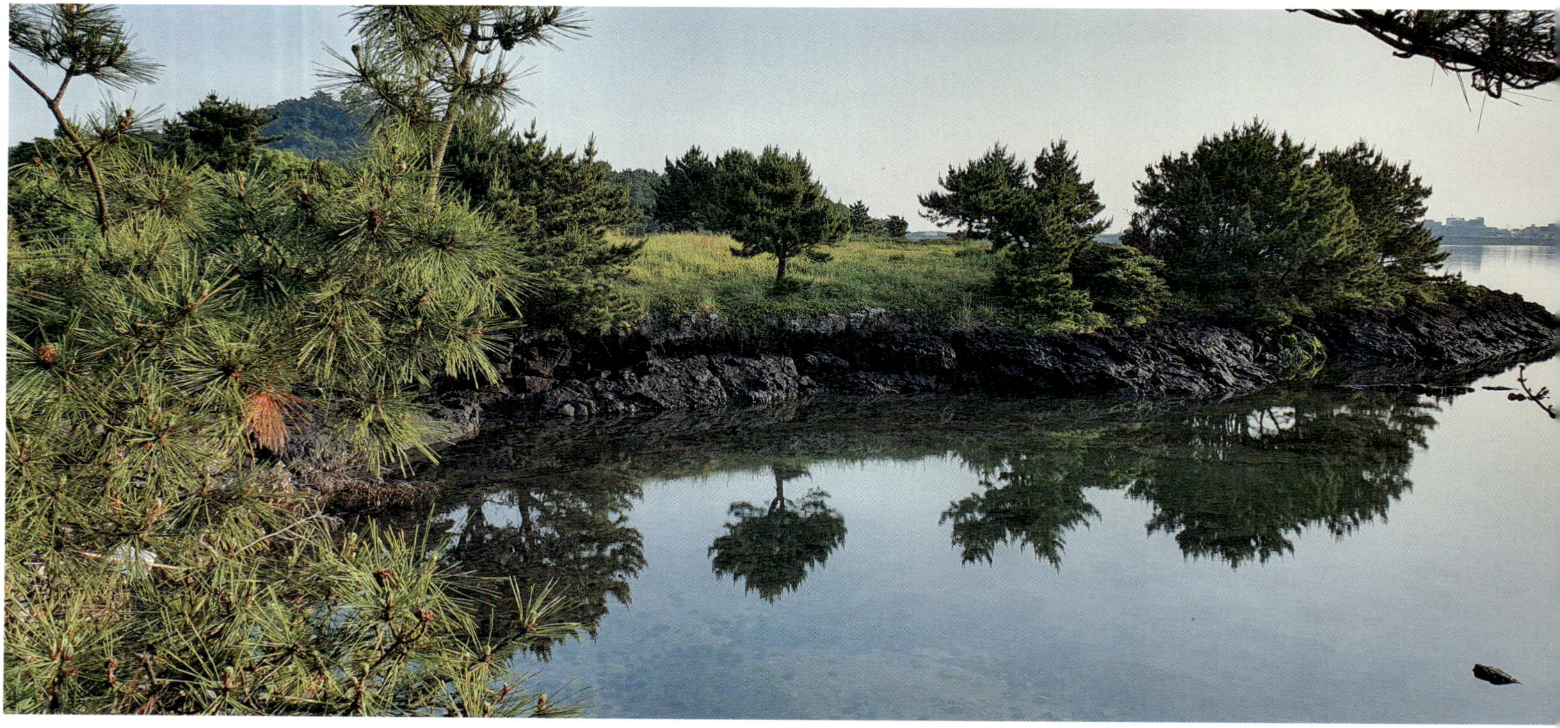

"이게 광치기해변이다."

성산의 여행은 광치기해변에서 시작하는 게 좋다.

제주올레 2코스의 시작점 광치기해변 모래언덕에는 제주의 제1경을 노래한 《성산일출 시비 취의(城山日出 詩碑 趣意)》가 세워져 있다. 명산이 있으면 반드시 시와 인물이 있다고 시비는 이야기한다.

해은海隱 김희정金羲正 선생이 성산을 상찬賞讚하셨고, 그 시를 만대의 명필 소암素菴 현중화玄中和 선생이 1987년 봄에 써 두신 것을 시비에 새겼다. 한시漢詩를 잘 이해할 수 없어도, 한시에 잠시 눈을 멈추었다 걸으면 산수를 읽어내는 선인들의 이야기가 들릴지도 모를 일이다.

허기진 배를 채우고 오후 2시에 우뭇개 포그에서 해녀 물질 공연을 관람해야겠다.

제주올레 2코스 시작점에서 올레 코스 리본을 따라 현무암의 용암이 흘러 바라춤을 춘 오조리 해안을 걸으며 성산을 바라보자. 꼬불꼬불한 오조리 해안을 걸으며 바라보는 성산은 또 다른 모습을 보여준다. 해안 숲에 모습을 감추다 눈앞에 툭 나타나는 성산의 모습은 참 아름답다. 오조리 바다 연못도 또 다른 모습을 보여준다. 제주에서만 볼 수 있는 모습이다.

성산 정상에서 바라본 오조리 내수면, 성산리와 오조리를 잇는 성산갑문은 1994년 완공되었고, 고성리를 잇는 터진목은 1930년 일제강점기에 메워졌다. 터진목이 메워지기 전까지 성산은 제주 본섬과 떨어진 작은 섬이었다. 광치기해변의 바닷물이 오조리 내수면을 드나들었다. 꼬불꼬불한 오조리 해안을 걸으며 오조리 바다 연못을 바라보라. 어떻게 이곳에 바닷물이 들어왔을까 하는 생각이 든다. 성산포만은 구좌읍 하도리와 함께 제주 최고의 철새도래지이다.

오조리 바다 연못 현무암의 돌섬 위에 곰솔이 뿌리를 내렸다. 하늘에서 비가 내리면 우수를 먹고, 하늘이 게으르면 바닷물을 먹을까? 해송海松이라고도 불리는 곰솔은 바닷가에서도 잘 자란다.

오조리 내수면에 머리를 풀어 헤친 곰솔.

1 성산이 바라보이는 오조 포구

이게 성산이다

1994년 성산갑문이 완공되기 전까지 오조 포구에는 많은 배들이 포구를 지켰다. 한도교라 불리는 성산갑문이 만들어진 후, 바닷물을 갑문으로 막아 오조리 내수면에서 해양스포츠를 활성화하는 방법을 모색하기도 했다. 성산일출봉 위로 둥근달이 뜨면 나(吾, 나 오)를 비추(照, 비출 조)는 오조吾照 포구에 둥근달이 뜬다. 그게 쌍월雙月이다. 그래서 마을의 이름이 오조리吾照里이다. 이곳이 조선시대 전선戰船과 해군이 있던 10수전소水戰所의 하나인 오소포(오조포)였다.

오조포는 전선戰船과 해군이 있던 10수전소의 하나였다. 숙종 28년(1702년) 제주에 부임한 이형상 목사가 화공 김남길의 손을 빌려 그린 탐라순력도耽羅巡歷圖 수산성조首山城操(성산읍 수산리 수산초등학교의 울타리 담으로 그 모습을 간직하고 있다)의 그림에 오조포의 전선이 그려져 있다. 섭지코지에 있는 협재(자)연대가 품은 협재포에는 배가 그려져 있지 않다.

이형상 목사의 탐라순력도 중
수산성조(首山城操)의 모습,
오조포(吾照浦)는 수전소(水戰所)였다.
전선(戰船)의 모습이그려져 있다.

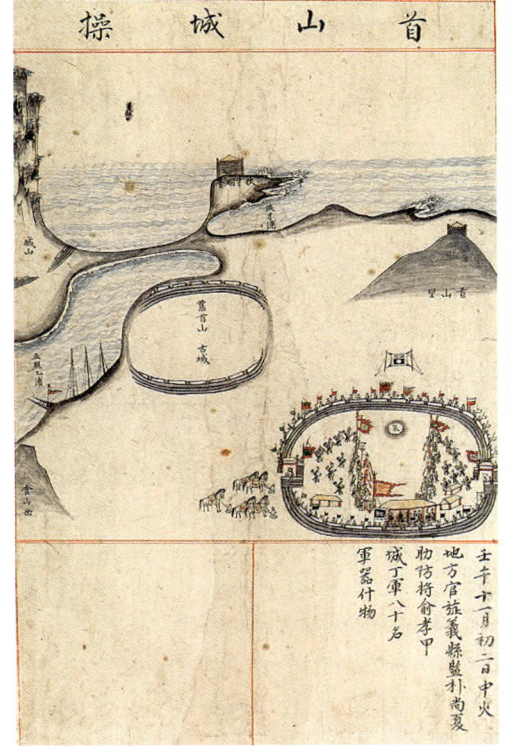

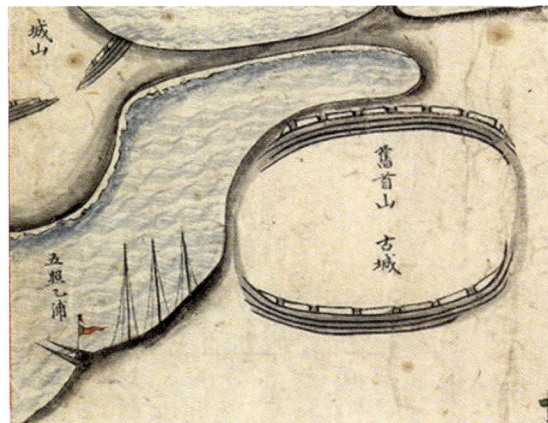

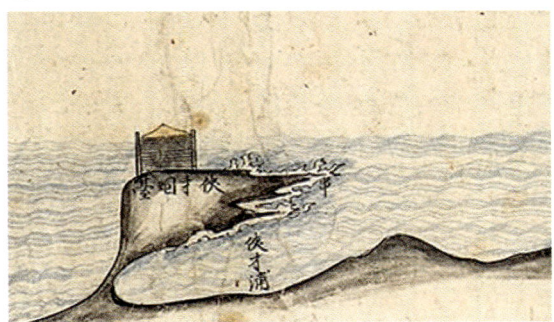

나를 비추다, 너를 비춘다. 그래서 마을의 이름이 오조리이다.

오조리 양어장의 모습, 앞에 보이는
오름이 식산봉(바우오름)이다.

어떻게 이곳에 바닷물이 들어왔을까? 오조리 바다 연못은 큰 바다와 수평을
이룰까? 오조리 양어장의 모습, 앞에 숲으로 덮인 오름이 바우오름(식산봉)이
다. 설문대할망은 성산을 지어놓고 가까운 곳에 바우오름을 지어 성산을 다듬
었다고 한다. 바우오름 위에서 바라보는 성산이 가장 아름답다고 한다.

오조리 내수면 하늘호수에 빠진 보름달, 바다 연못이라고 부르기에는 연못
이 너무 크다. 성산을 담고 달을 담았으니 말이다. 하늘호수에 빠진 보름달이
살짝 흔들렸다. 호수에 기름 두르면 호수에 빠진 달도 동그랗다. 밤이 깊어 갈
수록 달은 하늘 위로 솟아오르고 하늘호수에 빠진 달은 점점 바닷속으로 들어
간다. 보름달을 스마트폰에 담는 날이 개기월식의 날이라 지구의 그림자가 달
을 한입 베어 물었다.

오조리 바다 연못에 빠진 쌍월(雙月)의 모습.
나(吾)를 비추다, 너를 비춘(照)다.

나를 비추다, 너를 비춘다. 그래서 마을의 이름이 오조리이다.

바우오름(식산봉) 정상에서
바라본 성산의 모습 ↑

바우오름 정상에서 바라본 성산의 모습, 곰솔의 숲 사이로 바라보는 성산의
모습은 어떤가. 성산을 아는가. 성산을 보았는가. 자연의 참모습을 보려면 자
연보다 더 부지런해야 그 아름다움이 보이는 것이다. 성산을 떠나야 성산이 보
인다. 물水이 불火을 다스려 산을 지으니 겁劫의 세월 동안 바람風이 산을 다
듬어 성산을 지었다.

바우오름을 내려오니 우리나라에서 가장 큰 황근나무의 모습이 보인다. 오
조리 해안은 국내 최대의 황근나무 자생지이다. 바다 연못 현무암의 돌섬 가난
한 흙에도 황근나무가 뿌리를 내렸다. 7월에 만개하면 검은 현무암의 오조리
바다 연못은 노랗게 물이 든다. 황근나무는 염생식물이다.

우리나라에서 가장 큰
황근나무

노랑 토종 무궁화 황근의 모습,
6~8월에 만개한다.

우리나라에서 자생하는 유일한 토종 누런(黃, 누르 황) 무궁화(槿, 무궁화 근), 황근 자생지는 제주도와 남해안 등 여러 곳에 있으나 바우오름(식산봉)을 품은 오조리 해안이 국내 최대 규모로 알려져 있다. 노란 꽃잎 5개 안에 빨간 꽃술이 들었다.

나를 비추다, 너를 비춘다. 그래서 마을의 이름이 오조리이다.　　133

1 오조리 양어장 염습지에 핀 갈대와 바다
연못 돌섬 가난한 흙에 뿌리를 내려 꽃을
피운 억새, 갈대꽃과 억새꽃을 한
자리에서 볼 수 있는 곳이다.

오조리 마을 안길
돌담의 모습

오조리 해안에는 갈대와 억새가 꽃을 피운다. 염생식물인 갈대는 염습지에 뿌리를 내려 꽃을 피우고, 억새는 바다 연못 현무암의 돌섬 가난한 흙에 뿌리를 내린다. 가까이 보이는 게 갈대이고, 돌섬 위에 꽃을 피운 게 억새이다.

겨울바람에 흔들리는 갈대와 억새의 꽃을 한곳에서 볼 수 있는 오조리의 겨울이 참 곱다.

오조리 골목길 현무암 돌담의 모습, 현무암의 돌로 지어진 돌담집이 제주 본섬에서 가장 많은 마을이 오조리인가? 담의 높이와 모습으로 보아 제주 4·3에 무장대를 막기 위한 성담으로 보인다. 이 아름다움을 지키려 제주 섬을 한 바퀴 빙 도는 일주도로가 마을 안을 지나지 않은 유일한 마을이다.

마을 공동 창고 3채가 다 현무암의 돌담으로 지어졌다. 마을에 전기와 수도를 걸어 준 재일교포의 비석이 동네를 지킨다. "돌담길" 〈넓은 길이 좋기야 하겠지만, 구부러지면 구부러진 대로 사는 것, 그래도 괜찮지 않은가.〉 유독 돌담이 많은 아기자기한 오조리, 일주동로 공사를 마다하고, 소소한 일상을 지켜온 어르신의 한마디가 인생을 대하는 자세를 새삼 환기喚起 시켜 준다. 비 오는 날 짚신을 신고 동네를 돌아다녀도 발이 젖지 않는다는 오조리.

현무암의 돌담으로 지어진 창고
3동이 고스란히 마을을 지킨다.

어느 날 어느 집의 며느리가 밤에
다리를 건너다 빠져 죽었다는
메누리(며느리의 제주어) 다리, 물길을
튼 곳엔 쪽 다리로 만들어졌다.

나는 이 길을 걸을 때, 이 메누리 다리에 앉아 배낭 속에서 커피를 꺼내어 마시며 한참 동안 성산을 바라본다. 이 성산포만에는 철새들이 참 많이 날아다닌다. 천연기념물 저어새의 모습도 볼 수 있다. 메누리 다리에 앉아 성산과 대화를 나누고, 새들과 대화를 나눈다.

"이게 성산이다."

오조리 해안을 걸으며 바라본 성산 돌섬에 억새꽃이 피었다.

바다 연못을 한가로이 유영하는 큰고니의 모습, 큰고니는 11월 중순에서 12월 초 오조리에 날아와 3월 초까지 겨울을 보내고, 겨울이 끝나고 기온이 올라가면 번식지로 돌아가기 위해 다시 시베리아로 날아간다. 큰고니는 천연기념물이다. 흰뺨검은오리와 검은오리가 오조리 바다 연못에서 겨울을 나고 있다. 두산봉(말미오름)의 모습이 보인다.

오조리 바다 연못 현무암 돌섬 위에 앉은 흰뺨검둥오리의 모습, 초겨울 따사로운 햇살이 검은 현무암에 보일러를 켰나 보다.

현무암의 파호이호이 용암이 바라춤을
춘 오조리 해안에서 바라본 성산

오조리 바다 연못에서 겨울을 나는 큰고니(좌)와 철새들,
바다 연못 돌섬에 앉은 흰뺨검은오리

나를 비추다, 너를 비춘다. 그래서 마을의 이름이 오조리이다.

오조리 해안을 걸으며 바라보는 성산 ↑

　오조리 해안을 걸으며 바라본 성산의 모습, 오조리 해안 곰솔의 숲을 벗어나
면 찰나의 순간에 이 모습이 나타난다.

　"이게 성산이다."

　제주올레 2코스 오조리 해안을 걸으며 바라보는 성산.

　현무암의 용암 위에 뿌리를 내린 곰솔의 모습, 이 곰솔의 숲을 벗어나면 다
시 성산이 보인다.

오조리 해안에서 바라본 간세와 성산.
놀겅(놀며), 쉬멍(쉬며), 걸으멍(걸으며)

현무암의 파호이호이 용암 위에 뿌리를
너린 곰솔, 오조리 해안에 펼쳐진
곰솔의 숲을 걷는다.

나를 비추다, 너를 비춘다. 그래서 마을의 이름이 오조리이다.

오조리 해안에서 바라본 식산봉,
우도, 성산

    성산에 올라 성산을 보았는가. 성산에 오르면 산의 모습은 오간 데 없다. 해를 담을 만큼 큰 굼부리(분화구)의 모습만 보이는 산은 지상에 성산뿐이다. 성산은 산에서 내려와야 모습이 보인다. 구름 속에 들면 한 치 앞도 안 보이는 안개이고, 안갯속을 벗어나 멀리서 바라보면 아름다운 구름이다. 내가 어디에 있는가에 따라 보는 모습이 다르다. 삶도 그렇다. 내 삶을 멀리서 바라보아야 삶

1 오조리 내수면, 간조에 모습을 드러낸
빌레(너럭바위)

이 아름다운 것이다. "내가 자연이다."

　간조에 오조리 내수면의 빌레가 모습을 드러냈다. 현무암의 파호이호이 용암이 바라춤을 추며 만든 오조리 해안, 만조에 오조리 포구를 지키던 바닷물이 큰 바다로 빠지니 빌레 위에 있던 바닷물이 빌레 위를 시냇물처럼 졸졸 흐른다. 빌레 위에 앉아 한참 동안 시냇물이 흐르는 소리를 들었다.

나를 비추다, 너를 비춘다. 그래서 마을의 이름이 오조리이다.　　141

아침에 떠오르는 해는 노을의 빛으로 자기가 솟는 곳을 알리지만, 저녁에 뜨는 달은 노을이 없으니 자기가 솟는 곳을 자랑하지 않는다. 그래서 우리의 선조들은 달을 보며 시詩를 읊었다. 보름에 뜨는 달은 해가 모습을 감추기 전에 하얗게 떠 있고, 보름달을 보고 열엿새에 솟아오른 둥근달은 해가 완전히 모습을 감추니 붉게 솟아오른다. 그러니 오름의 월출은 보름날에 보는 게 아니라 열엿샛날에 보아야 한다. "이게 성산월출城山月出이다."

오조리 내수면이 만수가 된 어느 가을날, 오조리 내수면에 한라산과 한라산 북동쪽의 오름들이 풍덩 빠진다. 자연에 투정 부리는 사람에게 자연은 자기의 모습을 보여주지 않지만, 자연에 끝없는 찬사를 보내는 사람에게 자연은 자기의 모습을 다 보여준다. 가장 아름다운 자연은 사람이고, 그 사람보다 더 위대한 자연은 지금 자연을 바라보는 내 눈眼임을 알아야 자연의 참모습이 보인다.

오조리 내수면에 빠진 대수산봉, 한라산,
다랑쉬오름, 말미오름, 바우오름

대수산봉   한라산   다랑쉬오름   말미오름   바우오름
(석산봉)

오조리에서 바라본 城山月出(성산월출),
"이게 성산이다."

나를 비추다, 너를 비춘다. 그래서 마을의 이름이 오조리이다.

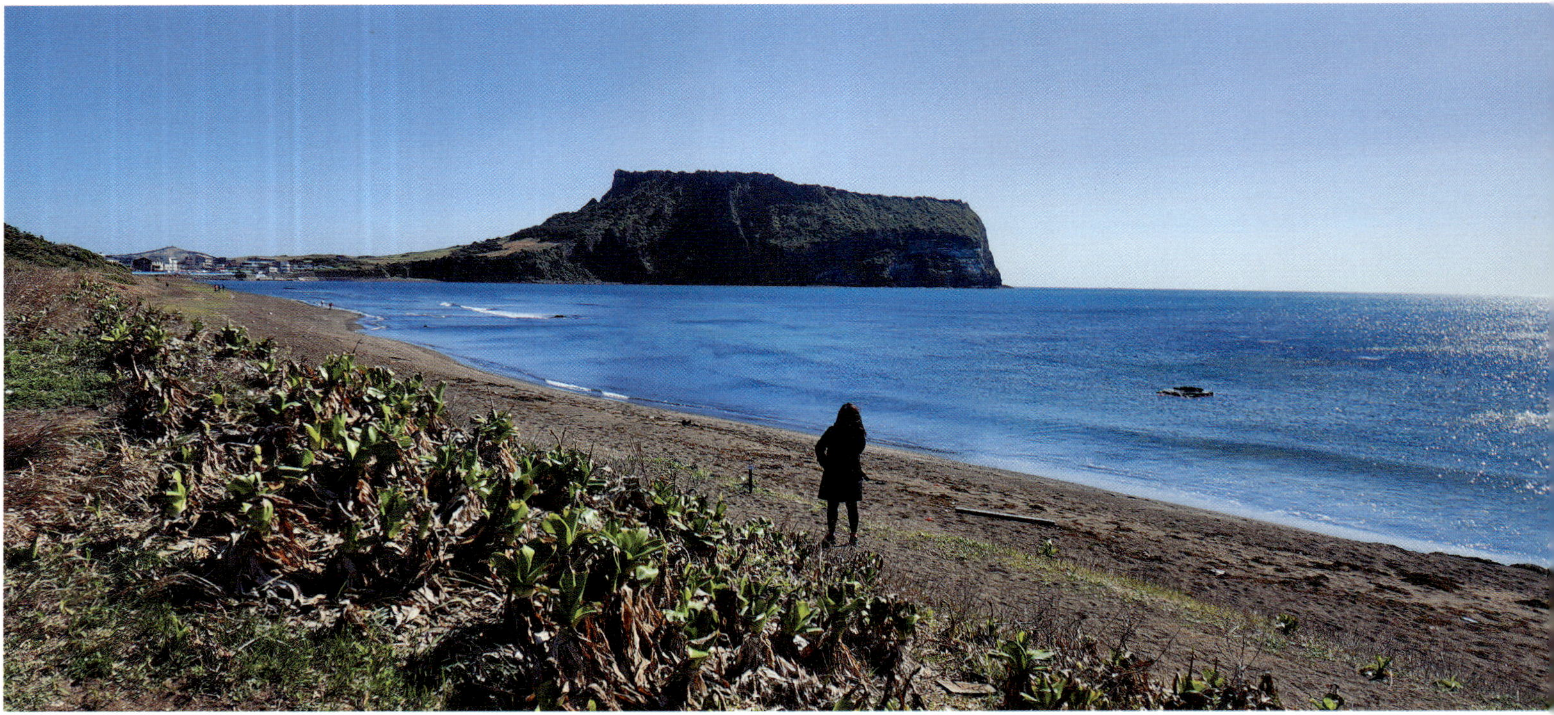

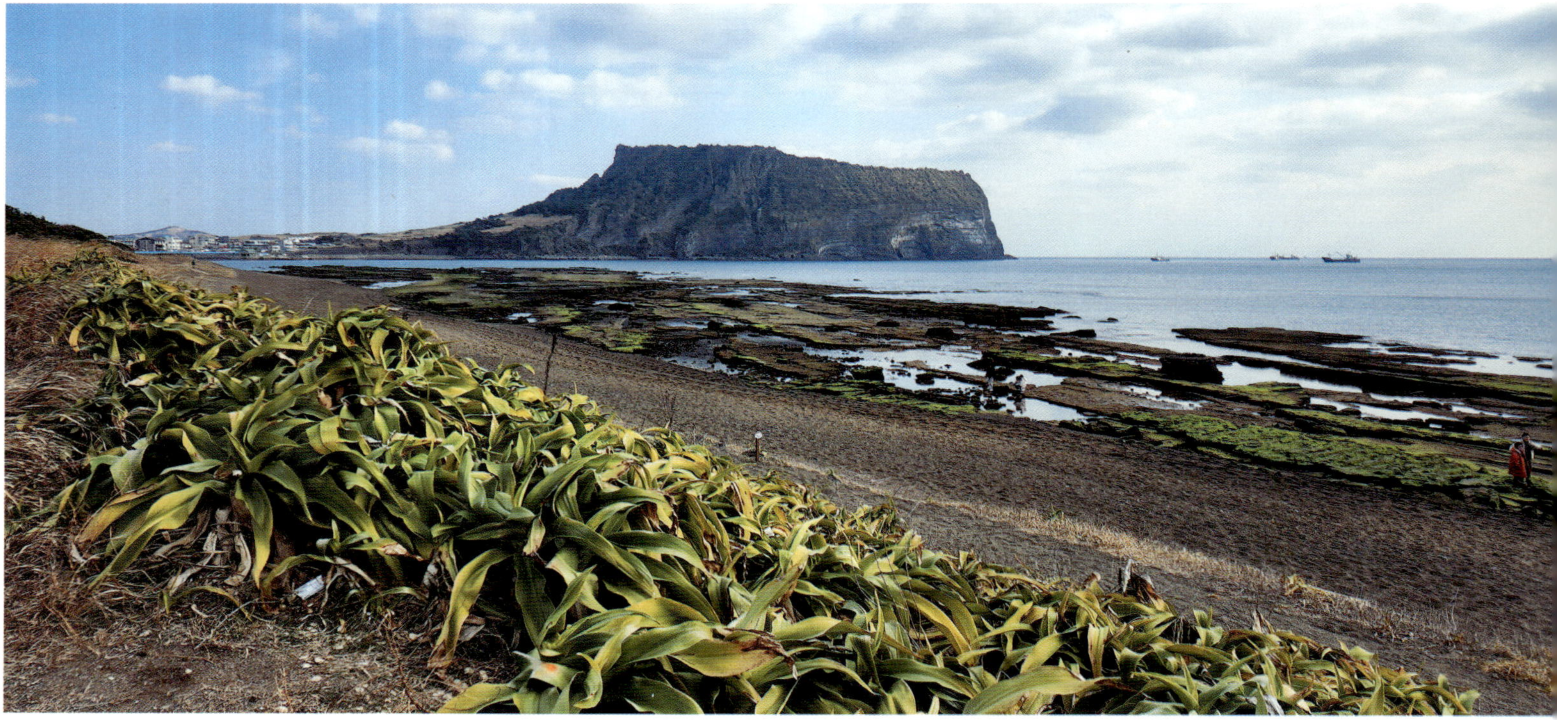

간조에 바라본 광치기해변과 만조에 바라톤 광치기해변의 모습은 다르다.
만조의 광치기해변.

간조를 맞아 모습을 드러낸 수천 평의 너럭바위, 또 다른 광치기해변의 모습
이다.

오조리 바다 연못을 만든 오조리 해안을 걷고 다시 제주올레 2코스를 시작
하는 지점에 돌아왔다. 시나브로 길을 걸어도 3시간이면 충분하다. 광치기해
변과 섭지코지에서 바라본 성산의 모습이 웅장하다면, 오조리 해안을 걸으며
바라본 성산의 모습은 참 妙(묘)하게 아름답다. 둔덕에 세워진 성산일출城山日出
시비詩碑 취의趣意의 글을 읽고 오조리 바다 연못의 여행을 마무리한다. 명산이
있으면 시와 인물이 있다고 시비는 이야기한다.

1 성산일출 시비(우),
성산일출 시비 취의

나를 비추다. 너를 비춘다. 그래서 마을의 이름이 오조리이다.

칠성판을 등에다 지고,
해녀 물질 공연

우뭇개 포구에서 펼쳐지는 해녀 물질 공연

UNESCO에 등재된 우리나라의 인류무형문화유산은 총 23건이다. 제주에는 2건의 인류무형문화유산이 있다.

바람 많은 제주, 제주의 선조들은 입춘이 지나 새봄이 오기 전에 풍농과 풍어를 기원하며 불어오는 모진 바람에게 신의 이름을 붙였다.

그 바람의 신이 '영등신'이다. 영등신은 영등나라에서 바람을 타고 음력 이월 삭망朔望(초하루) 날에 한림읍 복덕개 포구로 들어와 한라산에 올라 설문대할망의 오백 아들 오백 장군을 알현하고 제주 온 섬을 돌아다니며 세경 너른 땅에 오만 곡의 씨앗을 뿌린다.

바다에는 미역, 톳, 전복, 소라 등 해산물을 뿌리고 달月이 다 차는 삭망朔望(보름) 날에 우도를 통해 자기의 나라로 돌아간다고 믿었다.

바다가 생활 터전인 어부와 해녀들은 온갖 음식을 차려 놓고 음력 이월 초하루 날 한림읍 귀덕리 복덕개 포구에서 영등할망을 맞이하는 영등환영제 굿을 하고, 음력 이월 열나흗날 제주시 사라봉 기슭에 있는 칠머리당에서 영등할망을 돌려보내는 영등송별제 굿을 한다.

음력 이월 어느 해 바람이 약하게 불면 우리의 할머니, 어머니들은 올해는 영등할망이 예쁜 딸이랑 같이 왔구나 했고, 바람이 아주 심하게 불면 올해는 영등할망이 미운 며느리랑 왔구나 하는 이야기를 한다. 설화를 두고도 고부간의 갈등을 이야기했다.

한림읍 귀덕리 복덕개 포구에 가면 거대한 석상들이 만들어져 있다. 그곳에는 영등할망의 예쁜 딸과 미운 며느리의 석상이 만들어져 있다. 송별제 굿이 모두 끝나면 어부와 해녀들은 볏짚과 띠로 만든 '배방선' 위에 온갖 음식을 가득 실어 용왕님께 바치며 풍농과 풍어, 해상안전을 기원했다. 음력 이월을 '영등달'이라 하여 어부와 해녀들은 영등달에는 집 밖을 잘 나다니지도 않았고, 물건을 사거나 팔지도 않았으며 심지어 빨래도 하지 않았다.

그 칠머리당에서 해마다 펼쳐지는 영등굿이 2009년 '제주 칠머리당 영등굿'이라는 이름으로 인류무형문화유산에 등재되었고, 오백 아들을 홀로 키운 제주의 창조주 설문대할망처럼 자기가 낳은 생명을 키우기 위해 칠성판七星板(한국전통 장례풍습에서 사람이 죽었을 때 관棺의 바닥에 까는 나무판)을 등에 지고 물질(해녀가 바다에서 해산물을 채취하는 행위)을 하는 해녀가 '제주 해녀 문화'라는 이름으로 2016년에 등재되었다.

성산일출봉 하산로를 다 내려오면 우도가 보이고 안으로 깊게 들어온 검은 모래 해변이 보인다. 이곳이 우뭇개 포구이다.

우뭇가사리가 많아 우뭇개 포구라 불리기도 하고, 안으로 우묵하게 들어온 곳이라 우묵개 포구라 불리기도 한다. 이곳에서 큰 파도가 치지 않으면 매일 오후 2시에 해녀 물질 공연이 펼쳐진다.

빌레(너럭바위) 위에서 10분 동안 육상공연을 하고, 10분 동안 바닷속으로 들어가 해산물을 채취하는 물질 공연이 펼쳐진다.

공연을 관람하는 여행자 중에는 외국인이 절반을 넘는다. 공연을 마치면 외국인들은 자기네 나라에서는 볼 수 없는 풍경이니 해녀분들과 사진을 촬영하느라 바쁘다. 제주특별자치도에서는 해녀를 양성하기 위하여 해녀학교를 운영하며, 다양한 복지 혜택을 주고 있으나, 해녀를 하려고 지원을 하는 젊은 여성은 아주 드물다. 해녀를 하려는 젊은 여성이 없으니, 언제까지 제주 해녀 문화가 인류무형문화유산으로 유지가 될지 의문이다.

누가 칠성판을 등에 지고 바닷속으로 들어가 물질을 하려고 할까. 지금은 고무로 만든 잠수복을 입고 물질을 하나 1970년대 초까지 광목으로 만든 '물소중이'라 불리는 옷을 입고 물질을 했다. '물소중이'는 '물속에서 입는 작은 홑옷'이라는 뜻을 가진 말이다. 그 옷을 입고 바닷물이 차가운 음력 3월에도 바다에 들어 톳과 미역을 채취했다. 어깨에 걸개(끈)가 있고, 가랑이 밑은 넓으면서 막혀있으며, 한쪽 옆은 트여있는 게 특징이다.

공연을 관람한 후 제주 해녀 문화를 더 깊이 알고 싶으면 구좌읍 하도리에 있는 '해녀박물관'을 관람하는 게 좋다. 제주의 아름다움은 비경에만 있지 않다. 제주의 3대 항일운동 중, '해녀항일운동'이 가장 규모가 컸다. 해녀항일운동을 일으킨 주최가 구좌읍 하도리 해녀와 우도 해녀이다. 그래서 구좌읍 하도리에 '해녀항일운동 기념탑'을 세웠고, 해녀박물관을 건립했다. 전국에서 유일하게 여성들이 일으킨 항일운동이다.

그만큼 제주의 역사는 여성들이 차지하는 비중이 크다. 해녀들은 자기가 낳은 생명들에게 배우지 못한 한과 가난을 물려주지 않으려 마을마다 초등학교를 지었다. 한라산 북동쪽에 있는 초등학교에 가면 해녀들의 공덕비가 학교마다 세워져 있다. 학교를 짓기 위하여 바다에 학교 바당(바다)을 두어 그곳에서 채취하는 해산물을 팔아 학교를 짓는 데 사용했다.

제주의 삼다는 '돌, 바람, 여자' 였다.

여자를 많이 낳아 제주에 여자가 많은 게 아니라. 제주에 여자가 많은 이유는 삼다三多에 숨어있다. 유난히도 외세의 침입이 많았지만, 바람이 바다로 나간 남자를 집어삼켰기 때문이다. 그래서 여자가 많은 이유이다.

설문대할망이 오백 아들을 홀로 키웠다는 이야기도 생명의 씨만 뿌리고 바다로 나간 남편이 돌아오지 않으니 오 남매, 칠 남매를 홀로 키운 해녀의 이야기에서 나왔을지도 모른다.

신화와 설화는 오래전부터 전해져 오는 이야기지만, 지금 섬에 살아가는 생명들의 이야기다. 첫닭이 울면 일어나 자기가 낳은 생명을 키우려 밥을 지어놓고 들에 나가 밭을 갈고, 물때가 되면 바당(바다)에 와 바당 밭에서 칠성판을 등에 지고 천 길 바닷물 속을 들어가 물질을 했다.

"해녀는 신神이다."

제주 눈目으로 걷지 마라. 생각하는 눈眼으로 바라보고, 귀耳로 제주의 이야기를 듣고, 코鼻로 그 생의 냄새를 맡고, 혀舌로 그 삶을 물어보고, 몸身으로 그 감각을 느끼고, 뜻意을 알고 여행을 하라.

"제주 눈目으로 걷지 마라, 안이비설신의眼耳鼻舌身意로 걸으라."

"이게 제주다."

우뭇개 포구에서 해녀 물질 공연을 할 때, 부르는 해녀의 노래를 다음과 같이 싣는다.

해녀 노 젓는 소리(성산)
이여도사나 이여도사나 이여도사나 잘도간다(후렴)
저라져 쿵쿵저라 지어라배겨라 저라져(추임새)
1. **요낼저성 어딜 가리 짚은 바당 어서 나가져**(요 내를 저어 어디를 가리, 깊은 바다 어서 나가자)
2. **물로 뱅뱅 돌아진 섬에 먹으나 굶으나 물질을 허영**(물이 빙빙 돌아가는 섬에 먹으나 굶으나 물질을 해서)

3. 비가 오나, 눈이 오나 저 절고개[1] 지방[2] 삼아(비가 오나, 눈이 오나 저 절고개 지방 삼아)
4. 시퍼렁헌 제주바당 숨비소리[3] 고달프다~(새파란 제주바다 숨비소리 고달프다)

이여도사나 이여도사나 이여도사나 잘도 간다
저라져 쿵쿵저라 지어라 배겨라 저라져
5. 혼착 손에 태왁을 메고 장도 빗창[4] 구불[5]에 차곡(한 짝 손에 태왁을 메고 장도 빗창 허리에 차고)
6. 칠성판[6]을 등에다 지고 혼 질 두 질 들어간 보난(칠성판을 등에다 지고 한 길 두 길 들어가 보니)
7. 고동 생복 하서라마는 내 숨 쫄라 못헐래라(고동, 전복 많더라마는 내 숨 짧아 못하겠네)
8. 바당 올레 요왕 올레 저성질을 왔딱갔닥(바다 올레 용왕 올레 저승길을 왔다갔다)

이여도사나 이여도사나 이여도사나 잘도 간다
저라져 쿵쿵저라 지어라 배겨라 저라져
9. 허릿띠 밑에 화장아야 물때 점점 늦어나진다(허리띠 밑에 화장아야 물때 점점 늦어진다)
10. 우리 선관 가는 딜랑 매역 좋은 팽지여로(우리 선주 가는 곳은 미역 좋은 평평한 여로)
11. 구쟁기[7] 생복[8] 한 딜로만 반모여[9]로 인도나헙서(뿔소라, 전복 많은 곳으로만 반모여로 인도해 주세요)
12. 자릿여로 모르여로 톤덕여로 저서나가져~

이여도사나 이여도사나 이여도사나 잘도 간다
저라져 쿵쿵저라 지어라 배겨라 저라져
13. 용철리여 해삼 생복 안캐 가만 오분재지(용철리여〈용철리라 불리는 여〉

[1] 절은 파도는 아니다. 파도의 높이는 바람의 크기로 만들어지나 절은 큰물이 흐르며 수심이 낮은 돌섬 주위를 빠르게 흐르며 만들어지는 물의 높낮이를 말한다.

[2] 지방: 여기서 지방은 문지방을 말하는 것이다. 큰물이 흐르며 만들어진 절을 문지방 삼아 넘나들자는 이야기다.

[3] 숨비소리: 해녀가 바다에서 물질(해산물을 채취하는 행위)을 할 때, 참았던 숨을 물 밖으로 나와 태왁(몸을 물에 띄우는 뒤웅박)을 잡고 쉬는 큰 숨소리

[4] 빗창: 물속에서 물질을 할 때, 돌 틈에 붙은 전복을 떼는 도구

[5] 구불: 허리춤

[6] 칠성판: 사람이 죽으면 매장을 할때, 관(棺)의 바닥에 까는 나무판. 물질이 저승과 이승을 오가는 어려운 일이라는 이야기다.

[7] 구쟁기: 뿔소라

[8] 생복: 전복(살아있는 전복)

[9] 여: 물속에 잠겨있는 돌섬인데, 반모여는 물속에 잠겨있는 반듯한 돌섬

해삼 전복 안캐〈안캐라 불리는 곳〉에 가면 오분재기〈접복과 비슷한 해
산물〉)

14. **우리 어멍 날 날 적에 제주바당 매역국 먹엉**(우리 어머니 날 날 적에 제
주바다 미역국 먹어)

15. **해도 돌도 어신 날에 물질 허낸 날 낳턴가**(해도 달도 없는 날에 물질 허
라고 날 낳았던가)

16. **혼 푼 두 푼 모다논 금전 서방님 술값에 다 나간다**(한 푼 두 푼 모아논 돈
서방님 술값에 다 나간다)

이여도사나 이여도사나 이여도사나 잘도 간다
저라져 쿵쿵저라 지어라 배겨라 저라져

17. **우리 배는 소낭 배여 눔이 배는 춤낭 배라**(우리 배는 소나무 배여 남의
배는 춤나무 배라)

18. **요 네착을 심어사민 없는 설움 절로 난다**(이 네를 잡으면 없는 서러움 절
로 난다)

19. **혼모를랑 젓고 나가고 혼모를랑 쉬고 나가져~**

공연이 다 끝난 후 매표소를 내려와 상가와 붙은 오른편 주차장으로 들면 제
주올레 1코스의 리본이 보인다. 그 리본을 따라 우뭇개동산을 넘으면 우도가
보이고, 절벽 아래 기괴하게 생긴 바위가 해안으로 들어온 바다를 감싸고 있는
모습이 보인다.

이곳이 오정개 포구이다. 성산항이 지어지기 전까지 작은 섬 성산에는 제주
의 전통 태우 배들이 잠을 자는 포구가 세 곳이 있었다. 수마포, 우뭇개, 오정
개이다. 오정개에 잠시 들렀다가 성산항에 가자.

한림읍 귀덕리에 있는 복덕개 포구에는 참 아름다운 포구들이 여러 곳에 있
다. 옛 선인들이 솔칵(소나무의 송진)과 바다고기의 기름으로 사용했던 등대를
복원해 둔 것을 합쳐 포구에 등대가 5개다. 음력 이월 초하루에 영등나라에서
영등할망이 들어오니 길을 잃을까 등대를 그리 많이 만들어 놓았는지, 현무암
의 돌로 만들어진 방파제는 정말 아름답다. 이게 제주의 포구다.

한림읍 귀덕리 복덕개 포구 ↑

한림읍 귀덕리 복덕개 포구에 세워진
영등하르방, 영등할망, 영등대왕의 석상

복덕개 포구에 세워진 영등하르방(좌), 영등할망(중), 영등대왕(우) 석상, 이 풀밭에서 음력 이월 초하루에 영등할망을 맞이하는 영등환영제 굿을 하며 풍농과 풍어, 해상의 안전을 기원한다.

영등하르방은 아무것도 하지 않는 최고의 한량이고, 영등할망이 바람을 타고 제주 섬에 오면 영등대왕은 영등나라를 지킨다.

1 음력 이월 열나흘 사라봉 기슭 칠머리당에서
펼쳐지는 영등송별제 굿

음력 이월 열나흘, 제주시 사라봉 기슭에 있는 칠머리당에서 영등할망을 보내는 송별제 굿을 한다. 아침 9시부터 시작한 굿은 점심시간까지 이어진다. 주심방(무당의 제주어)은 한 분이나 여러분의 심방이 굿을 한다. 앞에 매달린 하얀 종이에는 축원비를 낸 사람들이 쓴 소원의 글과 함께 끝에는 돈이 붙어 있다. 심방은 굿을 하며 염라대왕께 축원을 해준다. 해녀들의 점도 쳐주고, 올해 농사의 작황을 알려주고, 바당(바다) 밭의 작황을 알려준다.

영등송별제 굿이 끝나니 풍농과 풍어
해상안전을 기원하려 용왕님께 온갖
음식을 싣고 갈 수십 척의 배방선 모습

배방선 위에 용왕님께 바칠 온갖 음식이
실려 있다. 〈인터넷에서 캡쳐〉

1 구좌읍 하도리 해녀박물관에 전시 중인
물소중이, 1970년대 초까지 '물소중이'라
불리는 이 옷을 입고 물질을 했다.
〈구좌읍 하도리 해녀박물관〉

굿이 거의 다 마무리가 되어간다. 영등송별제 굿이 끝나면 짚으로 만든 수십 척의 배방선에 온갖 음식을 실어 배를 타고 나가 용왕님께 바친다.

배방선에 온갖 음식을 가득 싣고 배를 타고 나와 풍농과 풍어, 해상안전을 기원하며 용왕님께 바친다.

우뭇개 포구에서 펼쳐지는 '해녀 물질 공연' 10분 동안 육상공연이 끝나면 바다로 들어가 해산물을 채취하는 물질 공연을 한다.

관람객 반 이상이 외국인이다.

구좌읍 하도리 해녀박물관에 전시된 해녀복 '물소중이'. 잠수복이 만들어지기 전 1970년대 초까지 이 옷을 입고 물질을 했다.

이곳이 연두망 동산이다.

구좌읍 하도리 연두망동산에 세워진
'제주해녀항일운동기념탑'. 이곳에
'해녀박물관'이 세워져 있다.

제주의 3대 항일운동은 무오법정사항일운동, 조천만세운동, 해녀항일운동
이다. 해녀항일운동을 일으켰던 이곳 연두망동산 옆에 해녀박물관이 있다.
1932년 1월 12일 구좌면(당시에는 면이었다. 현 구좌읍과 우도면을 합친 지역)
과 정의면(현 성산읍) 지역 해녀 1,000여 명이 일본인 도사島司가 조합장인 제
주도해녀어업조합의 수탈에 항거하여 대규모 시위를 벌이기 위해 모였던 장소
다. 제주해녀항일운동기념탑 앞에 해녀항일운동을 승화시킨 부춘화, 김옥련,
부덕량 님의 동상이 세워져 있다. 해녀항일운동은 전국에서 유일하게 여성이
일으킨 항일운동이다. 그만큼 제주는 여성의 자리가 크다.

1 성산읍 온평리 온평초등학교에 세워진
해녀 공로비〈구좌읍 하도리 해녀박물관〉

온평초등학교에 세워진 해녀 공덕비, 해방 직후 제주도의 실정은 제주 4·3
사건과 한국전쟁으로 인해 경제적으로 매우 궁핍했다. 1946년 온평교 설립 인
가를 받았으나 학교 운영이 매우 어려웠다. 1950년 실화로 학교가 소실되자
성산읍 온평리 해녀들은 바다에 '학교바당(ㅂ·다)'을 따로 정하여 이곳에서 채
취한 수입금 전부를 학교 건립 자금으로 헌납하여 1951~1958년에 걸쳐 학교
를 재건했다. "어렵고 힘든 시절 해녀들이 다했지.", "온평리 미역은 전국에서
최고 비싼 가격이었어."

불턱의 모습. 〈구좌읍 하도리 해녀박물관〉

　이게 바다 옆에 만들어진 불턱의 모습이다. 이곳에서 바다에 들기 전 물질을 준비했던 곳이고, 추운 바다에서 물질을 마치고 나오면 장작을 피워 몸을 녹였다. 아기 업개가 애기를 업고 오면 엄마는 장작불에 가슴을 데워 젖을 먹였다. 이곳의 질서는 군대보다 더 엄격하다. 해녀도 상군, 중군, 하군이 있다. 상군 중에서 대상군을 해녀들이 뽑는다. 아무리 나이가 많아도 대상군의 말에 절대 복종한다. 그게 거친 바다에서 살아가는 해녀들의 생존 법칙이다.

1 구좌읍 하도리에 있는 해녀상, 아기
업개가 엄마에게 젓을 먹이려고
아기를 업고 왔다.

　　해녀상은 제주 도처의 해안마을에 만들어져 있다. 이곳의 해녀상은 다른 곳의 해녀상과 모습이 다르다. 아기를 낳은 후. 엄마는 자기가 낳은 생명을 키우려 몸조리도 하지 못하고 바다에 들어 물질을 했다. 갓난아기의 배를 채울 수 있는 방법은 엄마의 가슴뿐이다. 엄마가 물질을 가면 아기 업개가 아기를 업고 나와 불턱에서 엄마를 기다린다. 엄마는 불턱에서 장작불에 가슴을 데워 아기를 안아 젓을 먹었다. 이런 모습의 해녀상은 이곳이 유일하다.

1970년대 초 잠수복이 만들어지기 전까지 제주
해녀는 이런 물소중이를 입고 차가운 바다에 들어
물질을 했다. 〈구좌읍 하도리 해녀박물관 〉

잠수복이 만들어지기 전까지 제주의 해녀들은 이런 모습을 하고 바다에 들어 물질을 했다. '물소중이'를 입고, 한 손엔 태왁(물에 뜨는 뒤웅박)을 메고, 한 손엔 비창을 들고 바다에 들었다. 깊은 바다에 잠수할 때 허리에 차는 납덩이도 없이, 오리발도 없이 바다에 들었다. 그 시절 태왁은 큰 박을 사용했다. 지금은 물에 잘 뜨는 스티로폴을 사용한다.

1 할망 바당으로 물질하러 들어가는
할망 해녀

혼착 손에 태왁을 매고 ♫ 혼착 손엔 지팡이 짚고 ♫ 물질하는 장소로 이동하는 여든이 넘은 할망 해녀, 뭍에서는 허리가 굽고, 다리가 저려도 물속에 들어가면 그리 편하다고 하신다. 해녀는 신神이다.

이게 성산이다

오정개浦와 용당

오정개 포구의 모습

우뭇개동산을 내려와 오정개浦(개 포)에 들렸다.

'왜?' 수마포라 불리는지, 우뭇개라 불리는지 그 이름의 내력은 알 수 있으나 '왜?' 오정개라 불리는지에 대한 해석엔 고개를 갸우뚱하게 한다.

'오정'은 성산리 중심에서 정오 방향에 있는 포구라는 데서 붙인 이름이라고도 하고, 또 다른 경우는 가마우지와 관련된 해석이라고도 한다. '오저'는 가마우지 새를 일컫는 제주어다. 자연 포구를 감싸고 있는 검붉은 바위에 가마우지가 날아와 앉아서 노는 덕이라 해서 큰 바위를 '큰 옷덕'이라 하고, 왼쪽에 조금 거리를 둔 바위를 '작은 옷덕'이라 불린다고 한다.

가마우지는 몸에 기름샘이 없어 먹이잡이를 하다 돌섬에 앉아 불어오는 해풍과 햇살에 날개를 말린다. 그래서 가마우지는 돌섬에 앉아 있을 때, 날개를 퍼덕거리는 것이다. 가마우지가 몸을 말리며 싼 똥이 촛농처럼 줄줄 흘러내렸다. 거대한 사자바위가 보이고, 바닷물에 몸을 담그고 있는 두꺼비는 한달음에 성산을 뛰어오를 자세다.

창곰이라 불리는 고양이 얼굴처럼 생긴 바위와 사자바위 사이로 우도가 보인다. 큰 파도가 치는 날 창곰으로 들어오며 하얗게 부서지는 파도의 모습을 보려고 강풍이 불면 나는 이곳에 들린다. 불이 만든 포구에 왜 인공적인 방파제를 만들어 자연의 맛을 앗아갔을까. 배를 세울 수 없는 포구이고, 해녀만 드나드는 곳인데 말이다.

포구 너머로 물질을 하는 해녀들이 보인다.

지금은 해녀를 하려고 하는 젊은 여성이 없지만 1980년대까지만 해도 해녀는 숨을 참는 길이와 잠수하는 깊이에 따라 상군, 중군, 하군으로 나뉘었다. 상군은 15m 이상의 수심에서 물질을 하는 베테랑을 말하고, 중군은 8~10m, 하군은 5m 내외의 수심에서 물질을 하는 해녀들을 말한다.

해녀들은 물질을 하는 데 있어 엄격한 통제를 위하여 상군 중에서 대상군을 뽑는다. 물질을 처음 배울 때는 하군으로 출발해 중군이 되고 상군이 되지만, 나이가 들면 다시 중군에서 하군으로 내려온다. 아무리 나이가 들어도 물질을 할 때는 대상군의 말에 조금도 토를 달지 않는다. 그것이 해녀들이 거친 바다에서 살아가는 생존의 법칙이다.

깊은 수심에 들어갔다 나오며 태왁(물에 뜨는 뒤웅박)을 붙잡고 참았던 숨을 내쉬는 소리를 '숨비소리'라 부른다. 해녀들은 저승에서 번 돈으로 이승에서 자기가 낳은 생명을 키웠다. 해녀는 신神이다.

오정개를 바라보며 제주 해녀의 이야기를 하고 용당으로 발길을 옮기자. 옛날 제주 섬에서 산다는 것은 고통 그 자체였다고 한다. 제주의 선인들은 고려, 조선시대로 이어지기까지 정부에 공물과 진상품을 바쳤고, 군역이 과중했으며, 무엇보다 중간에서 가로채는 탐관오리의 수탈이 갈수록 심해지자 견디다 못해 목숨을 걸고 섬을 떠났다고 한다.

사람의 수가 조선 개국 시기(1392년)보다 급격하게 줄자 1629년(인조 7년), 섬에는 끔찍한 포고령이 내려진다. 뭍에 출입하는 제주인들을 금지하는 '출륙금지령'이다. 1823년까지 200여 년 동안 이어진다.

예전에는 제주도에서 해산물을 캐던 남자를 포작鮑作이라고 불렀는데 그 포작들이 수탈을 견디지 못해 제주를 떠나자, 제주 여성은 포작의 공백을 몸으로 때워야 했다.

남자가 하던 힘든 일을 여자가 대신하게 되는 것이다. 인구가 줄어도 부역은 줄지 않았기 때문에 남자들의 빈자리를 고스란히 여자들이 채워야 했다. 그리하여 제주에 잠녀潛女가 탄생했고 일제강점기에 해녀海女라 불렸다.

그 출국금지령으로 탐라 시대에 해상무역을 통해 발달했던 조선술과 항해술이 단절되어 제주의 전통 배인 '덕판배'가 사라지고 제주 해안에는 통나무로 만든 테우만이 떠다니게 됐던 것이다. 삼국시대 탐라는 고구려, 백제, 신라보다 조선술과 항해술이 뛰어났다. 중국, 일본. 신라 등과 활발한 해상무역을 했고, 안남(현 베트남)이나 류큐(일본의 오키나와) 왕국과 교류를 했다.

덕판배는 여러 차례 복원했으나 복원된 모습에 논란이 많다. 2014년 3월에 완공된 제주시 도남동에 있는 제주 kbs 방송총국의 건물 모습이 덕판배의 모습을 본떴다.

큰웃덕과 작은웃덕이 품은 오정개, 이곳은 하군으로 내려온 할머니들이 물질을 하는 '할망 바당'인 모양이다. 오정개를 품은 언덕 위에는 할망 바당에서 잡아 온 해산물을 할망 해녀들이 운영하는 식당이 있다.

"오널 아칙이 바당에 들엉 잡아 온 전복 한사'라 잡쏼 갑서"
(오늘 아침에 바다에 들어 잡아 온 전복 한 접시 드시고 가세요.)
"오널 아칙이 바당에 들어 잡아 온 구쟁기녕 문개영 한사라 행 갑서"
(오늘 아침에 바다에 들어 잡아 온 소라와 문어 한 접시 드시고 가세요.)

이생진 시인의 시비가 무리 지어 누워 있는 모습이 보인다.

시를 읽으며 성산포 바다를 바라보자. '술은 내가 마시는데 취하기는 바다가 취한다.'라고 시인은 읊었다.

시비를 지나면 마을제를 지내는 '용당龍堂'이 보인다. 성산리는 매해 음력 정초 첫 정(丁)일 또는 해(亥)일에 마을제를 지낸다고 한다.

성산리 마을제는 '포제酺祭'라 불려 왔다. 이곳에 모시는 신위는 본단 포신酺神과 별단 용신龍神(용왕)이다. 포신께 생명의 안녕이나 재앙으로부터 마을을 보호해 달라는 제를 올렸고, 용신께 생활 터전인 바다의 평화와 안녕을 기원하는 제를 올렸다고 한다.

용신을 마을의 수호신으로 모시고 있는 참 드문 경우이다.

다른 마을에 비해 수산업에 크게 의존했기 때문이다. 제물도 돼지 두 마리를 비롯해 모두 두 제단에 따로 준비했다고 한다. 그래서 제단이 있는 이 지경을 용당이라 하고, 이어지는 끝을 용촐리里라 부르고 있다. 제의는 설촌 시기인 서기 1800년대부터 200여 년간 이어지고 있다고 한다.

이곳에서 만추의 계절에 바라보는 만개한 해국의 모습은 우도와 함께 장관

1 가마우지가 싼 똥이 작은웃덕에
촛농처럼 흘러내렸다.

을 이룬다. 갯바위로 내려가 성산일출봉을 바라보고, 성산 앞에 있는 새끼 청
산의 모습을 우도와 함께 바라보라.

우도를 바라보며 해안선을 돌면 성산항이 나온다.

성산항의 역사를 알아야 성산리가 보인다.

이게 오정개다. 직선거리로 100m의 거리에 있는 우뭇개와는 용암의 성질이
다르다. 우뭇개는 5천 년 전 낮은 수심의 해저에서 성산이 분출하며 부서진 응
회암이 만든 포구라면, 오정개는 현무암으로 만들어진 포구다. 화산의 분출 시
기가 다르다. 오정개가 먼저 분출했다. 파도가 강하게 몰아치는 광치기해변은
상군과 중군들이 물질을 하고, 이 오정개는 하군들이 물질을 한다. 상군과 중
군에서 내려온 할망들이 물질을 하는 '할망 바당' 이다.

1 오정개 포구에 몸을 담그고 있는
사자바위와 두꺼비바위, 구멍 뚫린
곳을 창곰이라 부른다.

몸에 기름샘이 없는 가마우지는 바다에서 먹이잡이를 하고, 돌섬에 앉아 불
어오는 해풍과 햇살에 날개를 말린다. 날개를 말리며 싼 똥이 검은 현무암의
돌섬을 하얗게 칠하고 있다.

참 독특한 바위의 모습이다.

보는 방향에 따라 바위의 모습이 바뀐다. 수사자가 꼬리를 세우고 동해로 달
려가고, 두꺼비가 한달음에 성산에 뛰어오를 자태다.

사자바위 너머로 보이는
우도의 모습

해상왕국 탐라의 모습

한경면 용수포구 김대건 신부 표착지에
복원한 덕판 배 라파엘호의 모습

1 성난 파도가 창곰을 부수듯 때린다.

고무보트에 큰 파라솔을 쓰고 낚시를 한다.

창곰 사이로 들어오며 하얗게 부서지는 포말의 모습이 장관이다.

대한민국의 지도를 뒤집으면 제주가 최전선이다. 해상왕국 탐라는 덕판배를 타고 동아시아 바다의 중심이 되었다.

한국 최초의 천주교 신부이자 성인인 김대건 신부는 1845년 8월 17일 상하이에서 페레올 주교로부터 사제 서품을 받고 조선으로 돌아오다 그해 8월 31일 심한 풍랑을 만나 한경면 용수포구에 표착漂着한다. 그 기념관에 덕판배를 복원해 놓은 모습이다. 김대건 신부는 1846년 9월 16일 25세의 나이로 참수당한다. 가톨릭교회는 그의 순교일인 9월 16일을 기념하고 있다.

덕판 배를 모형으로 건축된
제주 KBS 방송총국의 모습

태우 배의 모습. 〈구좌읍
하도리 해녀박물관〉

　제주시 도남동에 있는 KBS 제주방송총국의 모습, 제주의 전통 배 '덕판배'
를 모형으로 2014년 3월 완공을 했다.

　조선시대 제주에는 1629년부터 1823년까지 200년 가까이 제주인들이 뭍
에 출입하는 것을 금지하는 '출륙금지령'이 내려진다.

　그 출륙금지령으로 탐라 시대 해상무역을 통해 발달했던 조선술과 항해술
이 단절되어 제주의 전통 배인 '덕판배'가 사라지고 제주 해안에는 통나무로
만든 태우만 떠다니게 되었다.

1 이생진 시인의 시비

시비 공원의 모습, 이곳에 잠시 눈을 두고 시를 읽어 보자. 시인은 '술을 내가 마시는데 취하기는 바다가 취한다.'라고 읊었다.

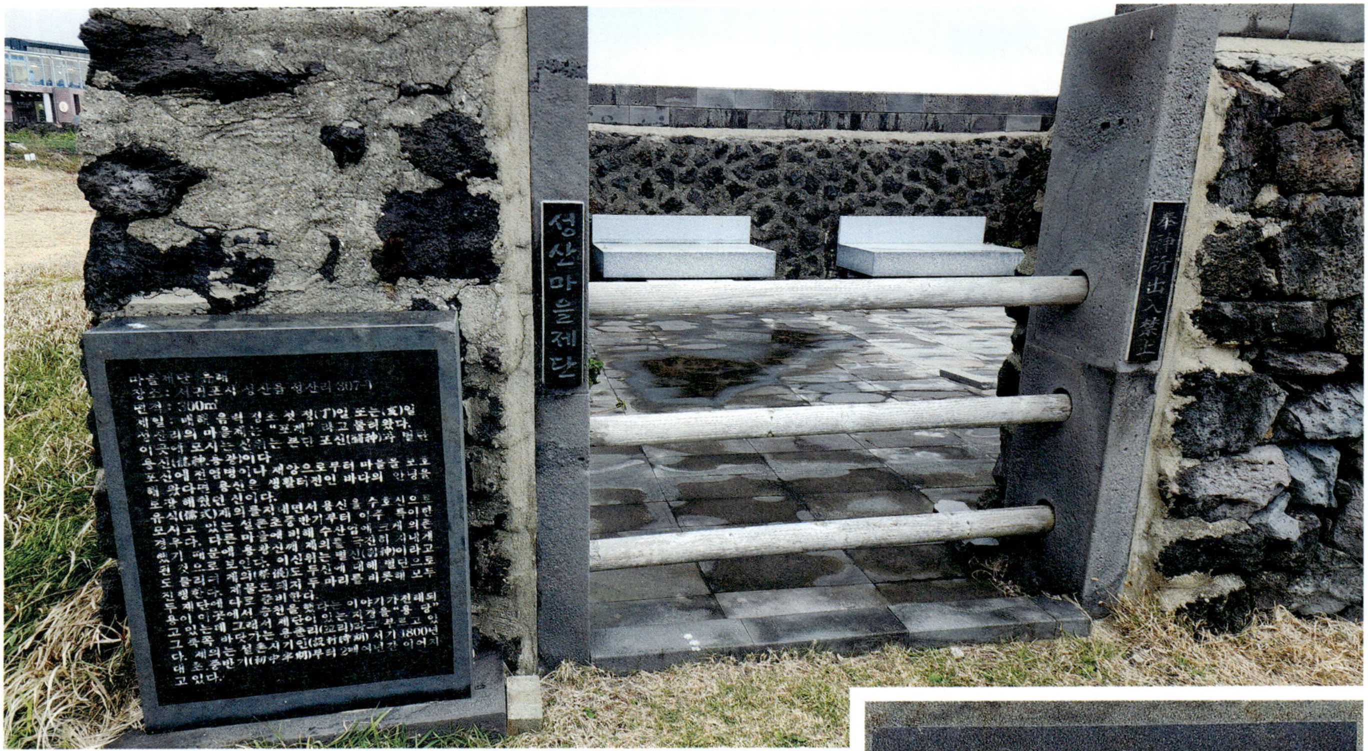
성산마을제단
本神所出入禁止

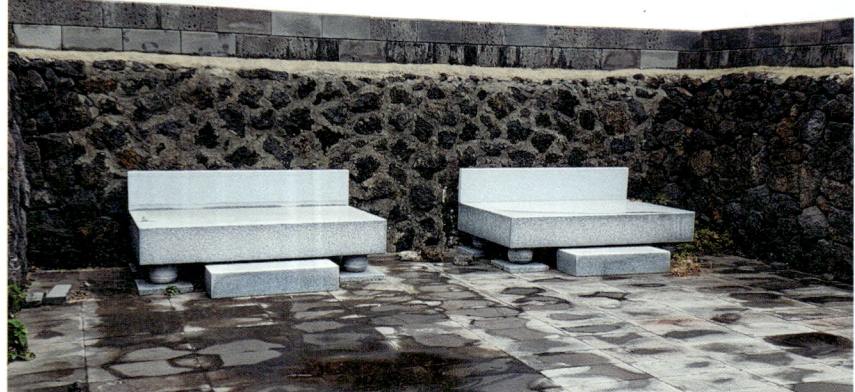

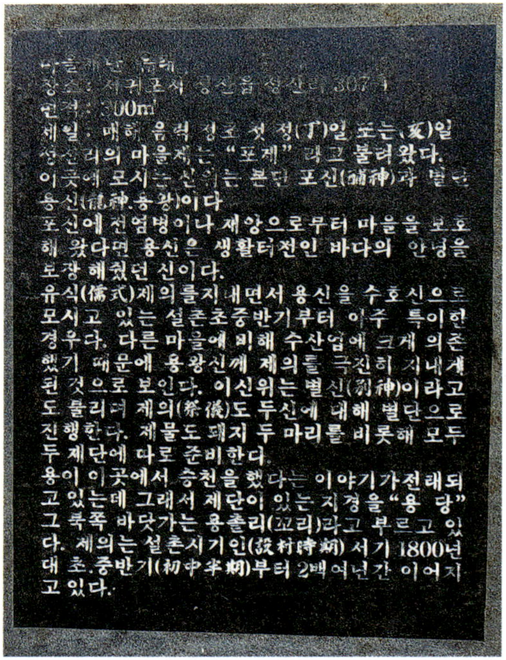
마을제단 유래
장소: 서귀포시 성산읍 성산리 307-1
면적: 300㎡
제일: 매해 음력 정초 첫 정(丁)일 또는(亥)일
성산리의 마을제는 "포제" 라고 불러왔다.
이곳에 모시는 신위는 본단 포신(酺神)과 별단
용신(龍神.용왕)이다
포신에 전염병이나 재앙으로부터 마을을 보호
해 왔다면 용신은 생활터전인 바다의 안녕을
보장 해줬던 신이다.
유식(儒式)제의를지내면서 용신을 수호신으로
모시고 있는 설촌초중반기부터 아주 특이한
경우다. 다른마을에 비해 수산업에 크게 의존
했기 때문에 용왕신께 제의를 극진히 지내게
된 것으로 보인다. 이신위는 별신(別神)이라고
도 불리며 제의(祭儀)도 두신에 대해 별단으로
진행한다. 제물도 돼지 두 마리를 비롯해 모두
두 제단에 다로 준비한다.
용이 이곳에서 승천을 했다는 이야기가전래되
고 있는데 그래서 제단이 있는 지경을"용 당"
그 북쪽 바닷가는 용출리(꼬리)라고 부르고 있
다. 제의는 설촌시기인(設村時期) 서기 1800년
대 초.중반기(初中半期)부터 2백여년간 이어지
고 있다.

1 성산리 마을 제단

성산리 마을제는 '포제醣祭'라 불려 왔다. 이곳에 모시는 신위는 본단 포
신醣神과 별단 용신龍神(용왕)이다. 포신께 생명의 안녕이나 재앙으로부터 마을
을 보호해 달라는 제를 올렸고, 용신께 생활 터전인 바다의 평화와 안녕을 기
원하는 제를 올렸다. 용신을 마을의 수호신으로 모시고 있는 참 드문 경우이
다. 다른 마을에 비해 수산업에 크게 의존했기 때문이다. 제물도 돼지 두 마리
를 비롯해 모두 두 제단에 따로 준비했다고 한다.

끝 가을 발 디딜 틈 없이 해국이 만개했다. 해국이 밟힐까 조심조심 갯바위
로 내려가면 바위틈에도 해국이 만개했다.

용당알 갯바위로 내려가
바라본 성산의 초저녁

용당알 갯바위로 내려가 바라본 성산의 모습. 성산
일출봉 바로 앞에 바다에 몸을 담그고 있는 돌섬이 새
끼 청산이다. 성산의 옛 이름이 청산青山이었다. 섬이
푸른 숲으로 덮여 있고, 산이 푸른 바닷빛으로 푸르게
보여 청산이라 불렸다.

오정개와 용당

이게 성산이다

성산항은
제주 섬 최초의
국제무역항이었다

성산포에는 일제강점기 이전에도 일본 어쿠들이 진출하여 지역의 주민들과 많은 갈등을 빚었다. 1892년 일본인 몇이 144명의 자국인 어부를 데리고 와 이곳 일대에 집을 짓고 어장을 점거했다.

훗날 조선을 강점한 일제는 1922년 성산포구에 항로를 설정하고, 1935년 시모노세키와 오사카를 잇는 뱃길을 텄다. 항구와 항구를 이어 뱃길이 만들어지니 일본인들이 더욱 몰려들어 땅과 어장을 앗아갔다.

이렇게 모조리 빼앗긴 제주 사람들은 거꾸로 뱃길을 따라 일본으로 건너갔다. 조선시대 우도에 사람이 살기 전 우도는 왜구들이 중국을 오가는 중간 기착지였다. 성산리는 제주 섬의 최동단 해안에 있는 성산반도에 자리 잡고 있는 마을이다. 왜 반도라 불리는가. 삼면이 바다로 둘러싸이고 한 면은 육지와 이어진 땅을 반도라 한다.

성산일출봉 정상에서 바라본 성산항의 모습. 왼쪽에 1994년 완공된 한도교라 불리는 성산갑문이 보인다.

제주 섬이 품고 있는 신화와 설화, 역사와 문화를 잘 이해하려면 섬의 생긴 모습을 잘 알아야 한다. '터진목' 이 제주 본섬과 이어지기 전까지는 섬이었다. 성산의 이야기를 이해하려면 제주 본섬과 떨어진 섬이었다는 지리적인 사실을 잘 알아야 한다. 제주 섬은 해안선을 따라 수많은 용천수가 솟구쳐 물 따라 사람의 모이며 마을의 설촌과 함께한다.

성산은 5천 년 전 낮은 수심의 해저에서 수성화산으로 분출한, 바다에 떠 있는 작은 섬인 데다, 현무암으로 만들어진 제주 본섬과 떨어지고 물을 품을 수 없는 작은 땅이라 용천수가 솟지를 않았다. 성산에 사람이 살기 시작한 지는 우도보다 늦은 1818년경 김녕리에서 제주고씨 고연손과 고상호 부자가 이주한 때로 추정되고 있다고 한다.

1702년 제주목사로 부임하여 제주 섬을 순력巡歷하며 이형상 목사가 제작한 '탐라순력도', 화공 김남길이 그린 '성산관일城山觀日'에도 마을의 모습은 볼 수가 없고, 지금 마을이 있는 곳에 봉천수의 모습이 그려져 있다.

조선시대 제주목사인 아버지 임진에게 자신의 과거급제를 알리려 제주에 온 임제는 섬을 여행하며 성산도城山島의 이야기를 《남명소승》이라는 서책 글에 남겼고, 제주목사를 지낸 이익태의 《탐라십경도》와 탐라순력도를 제작한 이형상 목사의 《남환박물》 기록에 '병구瓶口라는 가느다란 둔덕' 이란 표현이 나온다. 이웃 마을인 고성리와 섬인 성산도 사이의 병구는 간조에는 둔덕이 드러나서 사람이 드나들 수 있고, 만조에는 물에 잠겨서 사람이 드나들 수 없었다.

원래 섬이었던 성산도城山島는 일제강점기에 메워져 성산반도城山半島로 탈바꿈하게 된다. 조선시대 병구라 불리던 이곳이 '터진목' 이다.

제주 섬에서 일본과 가장 가까운 성산은 일제강점기에 이르러 위상이 높아졌다. 1920년대 초부터 성산포 항구 개발이 추진되면서 산의 이름을 가진 성산리가 성산면(지금은 읍으로 승격〈1980년 12월 1일〉)의 중심으로 발전하는 계기가 되었음을 알 수가 있다.

산의 이름이 마을里의 이름이고, 고을邑의 이름이다. 성산포에는 외항(지금의 성산항)과 내항(수마포)이 있다. 그러나 폭풍우가 몰아칠 때면 일출봉 혼자 수마포로 밀려드는 거센 파도를 막기에는 그 면적이 너무 넓었다. 태풍 소식이 전해질 때면 온 마을 사람들이 동원되어 배를 뭍으로 끌어올렸다고 한다.

1 왼쪽의 그림이 1694~1696년 제주목사로 부임한 이익태 목사 시절에 그려진
탐라십경도(耽羅十景圖) 중 성산을 이야기한 그림이고, 오른쪽의 그림이 1702년
제주목사로 부임한 이형상 목사의 탐라순력도(耽羅巡歷圖) 중 성산관일(城山觀日)의
그림이다. 지금은 터진목이라 불리는 곳이 조선시대에는 병구(瓶口)라 불렸다. 제주
본섬과 떨어진 성산은 용천수가 솟지를 않아 우도보다 늦은 1800년대 후반에야
사람이 살기 시작한다. 성산관일이라는 그림에 보면 초가지붕의 모습은 하나도
없고 지금 마을이 있는 곳에 하늘에서 내리는 비를 가두는 봉천수(奉天水)의
모습이 보인다.

사정이 이렇다 보니 성산리 주민들에게 방파제 시설이 매우 간절했다. 그 숙원사업이 1950년대 중반에 이르러서야 이루어지게 된다. 주민들은 수마포가 있는 수메밋에 방파제 시설이 들어서기를 바랐고 으레 그럴 것으로 여겼다고 한다. 하지만 당시 수메밋은 국가가 위기에 처했을 때 군사용 임시항만으로 이용한다는 '항만 통제 규제 항구' 였다. 당시는 동서 냉전 시대인 데다 한국전쟁 이후 남과 북이 대치하고 있었던 때였기 때문이다.

그래서 지금의 성산항이 만들어졌다. 그때 만약 수메밋에 방파제 시설이 들어서고 대규모 항구가 개발되었다면, 성산일출봉이 품고 있는 수마포에서 화물선과 어선이 오가는 뱃고동 소리와 기름 냄새, 비린내를 맡고 있을 것이다. 다행히 성산은 제주 섬을 동해로 끌고 가려는 듯 범선의 모습을 하고 터진목에 닻을 내린 채 홀로 떠 있다.

1924년 공식 자료를 보면, 성산포는 본도 동쪽 끝의 반도상에 있으며 항만이 내외 둘로 나뉘어져 있다. 외항은 기선 기항지(지금의 성산항)가 되며 내항(수마포)은 물이 얕아 거선을 수용할 수가 없다고 되어 있다. 내항은 어선 기항지가 되고 또 어업근거지가 되어 일본과 조선 상인이 조개 단추, 통조림, 조제 옥도의 공장지로 알려져 있다고 기록하고 있다.

성산포항은 1900년대 초부터 여객과 물류를 수송하는 부정기 선박들이 일본에서 많이 드나들어 급속히 개방된 항구이다. 1908년에 제주세관의 전신인 '성산포감시서'가 생겼다. 이곳이 제주세관의 옛터이다. 제주세관은 1950년이 되어서야 지금의 제주항으로 옮겨간다. 성산이 제주의 동쪽 끝에 자리 잡고 있었기 때문이다. 성산항은 제주도 최초의 국제무역항이었다.

모든 신화와 설화, 역사와 문화는 섬(땅)의 생긴 모습과 지리적 위치에 숨어 있는 것이다.

이게 제주 제1의 국제무역항이었던 성산포항의 모습이다.

성산포항은 1900년대 초부터 일본에서 여객과 물류를 수송하는 부정기 선박들이 많이 드나들어 급속히 개방된 항구이다. 구좌읍 종달리에 있는 '땅끝'이라는 지미봉의 모습이 보인다. 제주 섬을 먼바다에서 보면 동물의 머리 모양을 하고 있는 곳이 한경면 두모리이다. 머리에는 털이 있기 때문에 마을의 이름을 두모頭毛라 칭하였고, 구좌읍 종달終達리 일대는 꼬리 모양을 하고 있어 오름의 이름이 지미봉地尾峰이다.

오조리에서 성산갑문을 막 지나면 회전 로터리에 세워진 제주세관 옛터 표지석의 모습이다. 1908년에 제주세관의 전신인 '성산포감시서'가 생겼다. 이곳이 제주세관의 옛터이다. 제주세관은 1950년이 되어서야 지금의 제주항으로 옮겨간다. 성산이 제주의 동쪽 끝에 있다는 지리적 이유 때문이다. 성산항은 제주도 최초의 국제무역항이었다.

이게 성산이다

Mobile ART로 바라본 성산

성산 정상에서 바라본 성산낙조 ↑

제주 섬이 다 만들어진 후, 지금으로부터 5천여 년 전 낮은 수심의 해저에서 수성화산으로 솟아오른 성산.

강한 바람이 불면 백록담 굼부리(분화구)보다 더 큰 굼부리에 돛을 세워 제주 섬을 동해로 끌고 가 섬의 아름다움을 전 세계에 알리려 터진목에 닻을 내리고 범선의 모습으로 있는 성산의 모습이 너무 장엄하다.

"섬島이 산山을 품었는가, 산이 섬을 품었는가?"

섬이 산을 품었으니 성산은 산행山行을 해야 하는 산이 아니라, 1박 2일 섬행島行을 해야 하는 섬이다.

눈을 나타내는 한자는 눈 목目자와 눈 안眼자가 있다. 눈 목자는 몸에 달린 형상의 눈이고. 눈 안자는 보는 눈, 생각하는 눈, 사색의 눈을 말한다. 산행은 目으로 보는 관광이고, 섬행은 안이비설신의眼耳鼻舌身意로 걸으며 섬이 품고 있는 신화와 설화, 역사와 문화를 만나는 여행이다.

"관광은 보는 것見이고, 여행은 만나는 것遇이다."

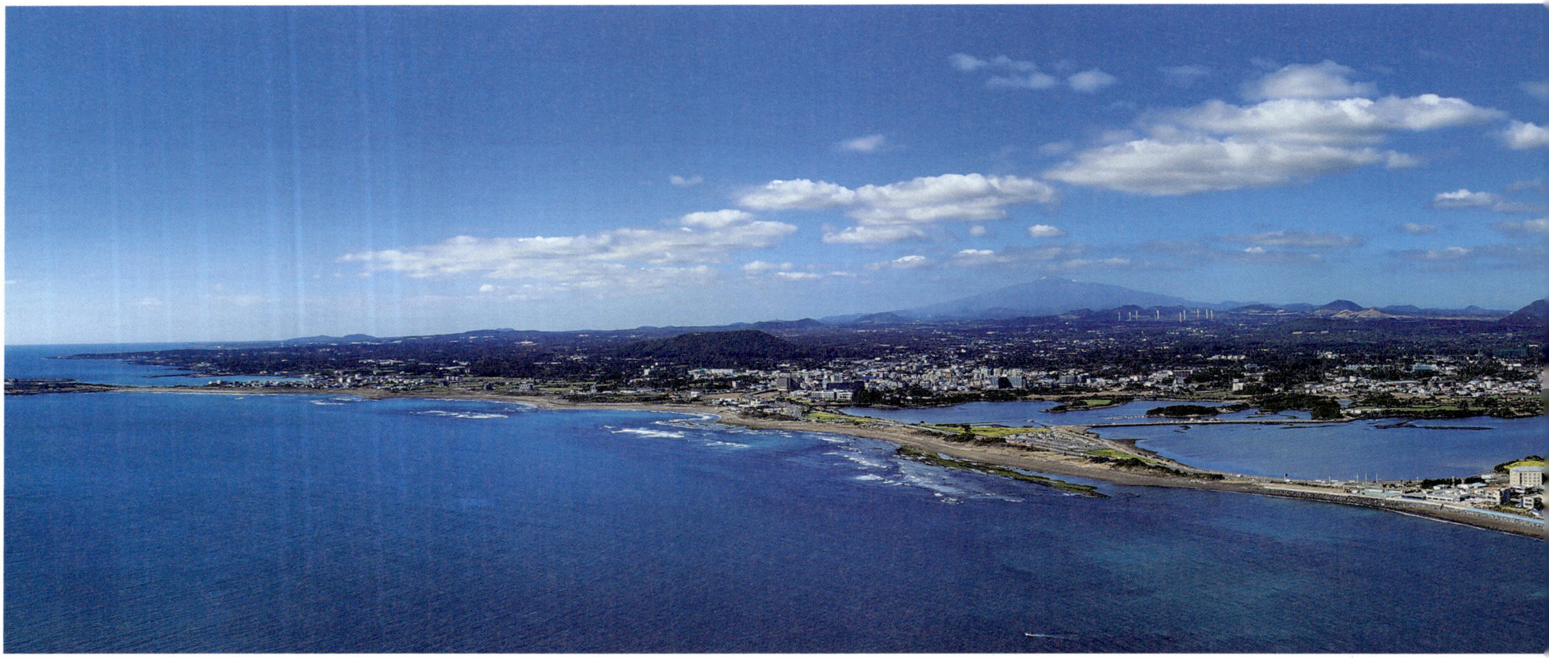

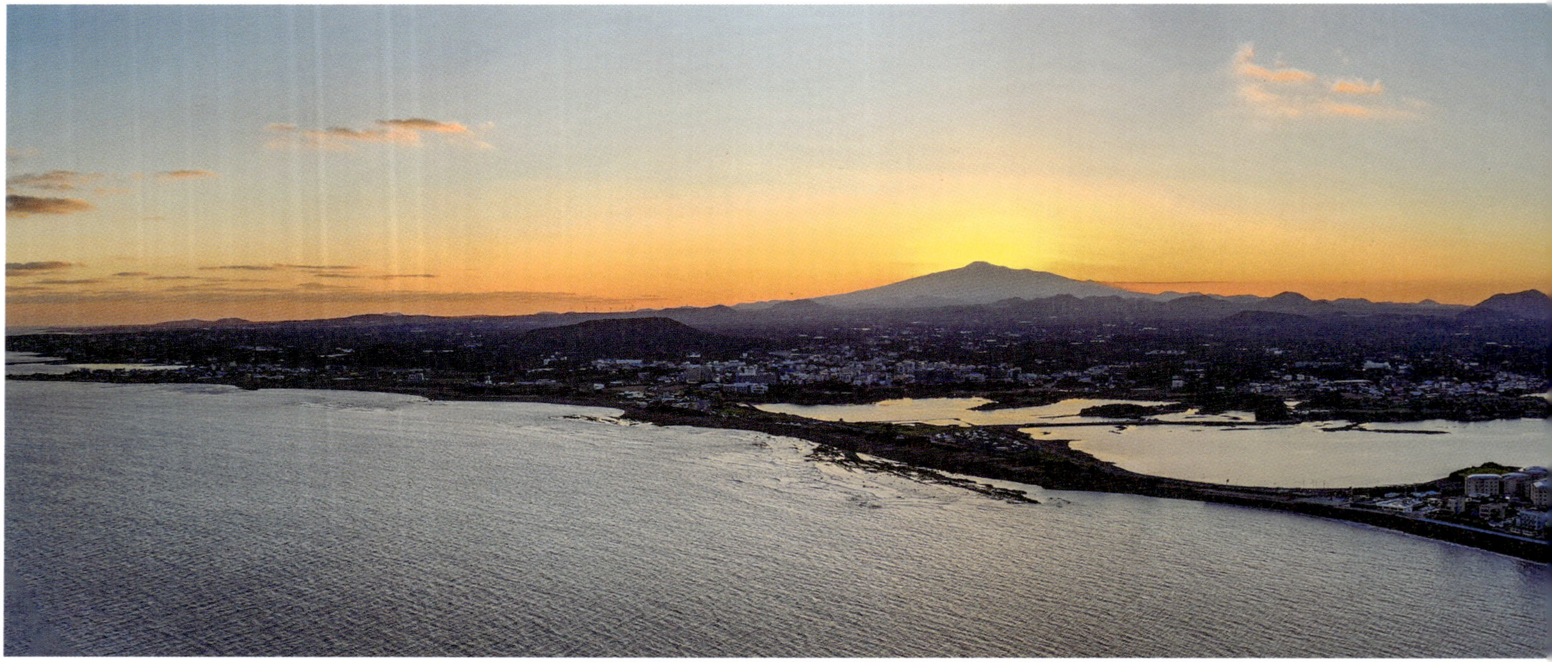

성산 정상에서 보면 한라산을 가운데 두고 제주 섬의
남쪽 바다와 북쪽 바다가 한눈에 보인다.

한라산 백록담 속으로 모습을 감추는 낙조의 모습. 성산
정상에서 바라보았으니 성산낙조(城山落照)이다. 제주
본섬이 벌겋게 쿨들었다.

주차장에 차를 세워두고 1시간 동안 성산만 오르고 섬을 떠나는 산행의 모습이 안타까워, 필자는 1박 2일 성산에 머무르는 섬행의 모습을 Mobile(태블릿PC)로 그림을 그려 성산일출봉 홍보관에서 "가자, 동해로!"라는 주제로 Mobile ART 그림 전시회를 한 적이 있다.

성산을 1박 2일 여행하는 방법을 그림으로 표현했다. 책에 실린 모든 사진은 3년여 가까이 성산을 오르내리며, Galaxy S22 Ultra로 필자가 찍은 사진들이다. 자료로 쓴 사진들은 출처를 밝혔다.

필자는 제주 섬의 비경과 비경이 품고 있는 신화와 설화, 역사와 문화를 YoTube(https://www.youtube.com/@TV-bi7kg)로 방송하는 유튜버다. 지금까지 하르방TV로 270여 회 방송을 했고, 성산의 이야기는 40여 차례 방송했다. Mobile(태블릿PC)로 그린 그림은 필자가 찍은 사진을 참조하여 그렸다.

필자가 바라본 성산의 제1경은 날씨 맑은 날 성산 정상에 올라 한라산을 제주 섬 가운데 두고 제주 섬의 남쪽 바다와 북쪽 바다를 한눈에 다 볼 수 있는 것이다. 한라산과 오름 숲 사이로 지는 낙조의 모습은 장관이다.

성산 정상에서 바라보았으니, 성산낙조城山落照다. 성산일출의 모습은 장엄하고, 성산낙조의 모습은 황홀하다.

지금까지 제주는 성산을 보여주며 산을 오르는 산행山行만 하게 했다. 섬이 품은 신화와 설화, 역사와 문화를 만나는 섬행島行을 하게 해야 한다. 이제는 제주 여행의 패러다임이 바뀌어야 한다.

제주 여행의 일번지 성산이 제주 여행을 이끌고 가자. 성산은 적어도 1박 2일 여행해야 하는 섬이다. 그 이야기를 그림으로 그렸다.

"이게 성산이다."

"자! Mobile ART로 1박 2일 섬행島行을 떠나보자."

성산의 여행은 광치기해변에서 시작이 되어야 한다. 그 시작이 성산일출이면 가슴이 뜨겁다. 해보다 더 부지런해야 해가 그린 노을의 모습이 보인다.

광치기해변에서 바라본 성산일출

해는 솟아오를 때마다 솟는 위치가 다르다.

성산일출봉 위로 해가 솟아오른다.

광치기해변에서 성산일출의 모습을 보고 발길을 섭지코지로 돌린다. 성산은 보는 위치에 따라 그 모습이 다르다. 바람이 강하게 부는 날, 파도와 싸우며 동해로 달려가는 성산과 우도를 바라보라. 제주 본섬의 동쪽 끝은 성산이지만, 제주도의 동쪽 끝은 우도이다. 섭지코지 둘레길을 시나브로 걸어도 2시간이면 충분하다. 섭지코지를 천천히 걸으며 성산을 바라보라.

"이게 성산이다."

섭지코지에서 바라본 성산과 우도

1 광치기해변 너럭바위 위에서
바라본 성산

이게 성산이다

간조에 모습을 드러낸 너럭바위,
작은 성산에 만설이 되었다.

섭지코지에서 성산과 우도를 바라보고, 다시 발길을 광치기해변으로 옮긴다. 제주는 참 많은 눈이 내린다. 간조에 모습을 드러낸 너럭바위, 작은 성산에 만설이 되었다.

"이게 성산이다."

광치기해변은 너럭바위가 모습을 다 드러낸 간조의 모습이 더 장관이다.

↑ 성산과 마린 포트 홀

5천여 년 전 낮은 수심의 해저에서 수성화산으로 분출한 성산은 현무암의 용암이 폭발하며 물을 만나 부서졌다가 다시 굳은 응회암으로 만들어진 수성 화산체이다. 응회암이 굳은 광치기해변 너럭바위 위에 겁의 세월 동안 파도가 바람의 힘을 빌려 "마린 포트 홀"을 만들었다. 지상에 이보다 더 큰 마린 포트 홀이 있을까? 너럭바위 끝에서 성산을 바라본다. 1945년 해방 무렵 일본 본토를 방어하기 위해 성산에 뚫린 갱도 진지의 모습이 선명하다.

오조포에서 바라본 성산 ↑

　광치기해변에 머물렀던 발길은 광치기해변에 있는 제주올레 2코스의 시작점을 따라 길을 건너 오조리 해안을 걷는다. 1994년 성산리와 오조리를 잇는 성산갑문이 완공되기 전까지 이 포구에는 대여섯 척의 어선들이 포구를 지켰다. 조선시대 제주의 관방유적關防遺蹟인 3성城 9진鎭 25봉수烽燧 38연대煙臺 외에 섬을 빙 두른 해안에 10수전소(水戰所)가 있었다. 오조포는 전선과 해군이 있던 10수전소의 하나였다.

1 오조리 바다 연못에 빠진 보름달

　오조리 바다 연못에 빠진 보름달, 나吾(나 오)를 비추다照(비출 조), 너를 비춘
다. 그래서 마을의 이름이 오조리吾照里이다. 둥근 보름달이 바다 연못에 풍덩
빠졌다. 쌍월雙月의 모습이 너무 아름답다. 성산에 뜬 달이 하늘로 오르면, 바
다 연못에 빠진 달은 더 깊은 바닷속으로 점점 빨려 들어간다.
　다리를 만들며 바닷물이 드나들 수 있도록 물길을 터놓았다. 그 위에 놓인

메누리 다리에서 바라본 성산 ↑

쪽다리, 한 사람이 겨우 건널 수 있다. 어느 날 가난한 집의 며느리가 이 다리를 건너다 물에 빠져 죽었다. 그래서 이 다리의 이름이 메누리(며느리의 제주어) 다리이다. 그 원혼을 달래려 주위에 당堂을 만들어 두었다고 하는데, 지금은 그 흔적을 찾을 수 없다. 다리 왼쪽이 성산읍 오조리이고, 다리 오른쪽이 성산읍 고성리이다.

우뭇개 포구에서 바라본 성산

섭지코지를 걸으며, 광치기해변을 걸으며, 오조리 해안을 걸으며 성산을 바라보았다. 성산은 보는 위치에 따라 방향에 따라 그 모습이 다르다. 메누리 다리를 건너 다시 광치기해변에 도착하여 현무암의 돌모래로 만들어진 광치기해변을 맨발로 걸으며 성산을 바라보라. 성산은 해 질 무렵에 오르고, 우뭇개 포구와 오정개 포구를 걸으며 성산을 바라보라.

"이게 성산이다."

오정개 포구에서 바라본 성산

성산은 포구를 세 개나 품고 있다. 수마포, 우뭇개(우묵개), 오정개다. 성산을 잘 보았는가. 해 질 무렵 성산에 올라 성산낙조의 모습을 보고 섬을 떠나자. "성산은 1박 2일, 섬행을 해야 하는 섬이다."

1 성산 정상에서 바라본 성산낙조

낙조의 시간이 6시 17분보다 이르면 한라산 왼쪽으로 해가 모습을 감추고….

6시 17분보다 늦으면 한라산 오른쪽으로 해가 모습을 감춘다. 해는 좌우로 오가며 1년에 두 번, 백록담 속으로 자기의 모습을 감춘다.

"성산 정상에서 바라보았으니, 성산낙조城山落照다."

성산 정상에서 바라보았으니, 내 눈에 보이는 것이 모두 성산이다.

성산 정상에서 바라본 한라산과 오름,
광치기해변과 오조리 내수면

1 성산 굼부리(분화구)의 모습

　백록담의 굼부리 면적보다 더 넓은 성산의 굼부리, 굼부리에 돛을 세워 제주
섬을 동해로 끌고 가서 전 세계에 제주 섬의 아름다움을 알리고 오자.
　"가자, 동해로!"

성산을 떠나며

성산은 1박 2일 여행을 해야 하는 섬이다.

제주의 아름다움을 보기 위해 제주를 찾은 여행객들에게 들려주고 싶은 이야기가 있다. 불火이 무한정의 바닷물水을 만나 불(마그마)이 부서져 섬島이 되었고, 겁劫의 세월 동안 바람風이 갈무리한 제주 섬.

UNESCO는 불이 무한정의 바닷물을 만나 바라춤을 추며 만든 제주 섬을 자연과학 분야 3관왕이라는 왕관을 씌워주었다.

2002년 12월 '생물권보전지역', 2007년 7월 '세계자연유산', 2010년 10월 '세계지질공원' 인증이 그것이다.

제주 섬이 UNESCO에 등재된 세계자연유산임은 누구나 잘 알고 있다. 그러나 등재된 이름이 무엇인지는 잘 모른다. 제주는 불의 힘으로 만들어진 '화산섬'이고, 제주와 같은 해양지각에서는 대부분 현무암의 용암이 분출한다. 용암동굴은 현무암의 용암만이 '용암동굴'을 만들 수 있다. 제주 섬의 아름다움의 근본이 '화산섬과 용암동굴'이다.

그 앞에 제주를 붙여 UNESCO에 등재된 세계자연유산의 이름이 "제주 화산섬과 용암동굴"이다. 그 핵심구역이 '한라산 천연보호구역(해발 600m 이상)', 만장굴과 용천동굴, 당처물동굴 등을 만든 '거문오름 용암동굴계', 그리고 '성산일출봉응회구'이다.

역사는 역사가에 의해서 제기되고 세워진 가설 없이는 존재하지 않는 것이라고 프랑스의 역사가 뤼시앵 페브르(Lucien Febvre)는 이야기했다. 역사가

존재하는 게 아니다. 역사가가 존재하는 것이다. 뤼시앵 페브르는 역사란 역사가의 사관에 의해 인식되고 서술하지 않으면 땅 위를 흘러가다가 땅속으로 스며들고 마는 물처럼 영영 잊혀져 버릴 수도 있다고 이야기한다.

필자는 5천 년 전 낮은 수심의 해저에서 마그마火가 솟으니, 무한정의 바닷물(水)이 불을 다스려 지은 성산의 비경이 품고 있는 자연의 역사와 성산이 품은 신화와 설화, 역사와 문화를 들려주는 '세계자연유산 해설사'다.

한라산을 600여 번 오르며, 백록담을 300여 번 올랐다. 섬의 생명을 한없이 품은 한라산이 들려주는 이야기를 들으려 한라산 둘레길을 10여 차례 완주했다. 이름있는 오름을 새벽의 여명과 일몰의 노을과 함께 오르며 제주의 아름다움이 선線에 있음을 알았다.

제주올레길을 10여 차례 완주하며 섬이 품고 있는 신화와 설화, 역사와 문화가 섬의 생긴 모습에 오롯이 있음을 알았다. 역사와 문화는 지수화풍地水火風이 지은 자연의 역사가 있고, 그 땅 위에 살아가는 생명들이 지은 신화와 설화, 역사와 문화가 있다. 지수화풍이 지은 비경의 아름다움은 그 땅 위에 살아가는 생명들이 자연과 더불어 살아가며 만들어진 신화와 설화, 역사와 문화를 만나야 지수화풍이 지은 비경의 아름다움이 보인다.

"그게 여행이다."

나는 성산일출봉 정상에서 성산의 이야기를 말로 들려주는 '세계자연유산 해설사'다. 말이 본이고, 글이 말이다. 글을 써서 글이 말보다 우월한 것처럼 포장하자는 게 아니다. 글은 성산을 자랑하기 위한 수단에 불과하다. 나는 성산일출봉 정상에서 말로 성산의 이야기를 전한다.

지수화풍이 지은 비경의 아름다움만 보면 관광이고, 땅 위에 살아가는 생명들이 지은 신화와 설화, 역사와 문화를 만나면 여행이다. 관광은 보는 것見이고, 여행은 만나는 것遇이다.

섬島의 해日와 달月이 지은 세월明의 이야기를 만나는 인문학 여행을 하며 제주 섬을 여행하라.

눈을 나타내는 한자는 눈 목目자와 눈 안眼자가 있다. 눈 목目자는 몸에 달린 형상의 눈이고. 눈 안眼자는 보는 눈, 생각하는 눈을 말한다.

제주에 찾아와 동에 번쩍, 서에 번쩍하며 목目으로 바라보는 관광을 하지 말고, 한 곳에 1박 2일을 머물며 안眼으로 바라보는 여행을 해보라. 가장 위대한 자연은 지금 자연을 바라보는 내 눈眼이다.

"성산을 아는가. 성산을 보았는가."

광치기해변을 걸으며 터진목에 앉아 성산에게 제주 4·3의 이야기를 물어보고, 수산평 탐라목장에서 길러진 말들이 수마포輸馬浦를 통해 머나먼 대륙의 땅으로 실려 가는 제주마의 울음소리를 들어보라.

성산 남서쪽 해안절벽에 다이너마이트와 곡괭이로 성산의 오장육부를 파헤치며 일제가 뚫은 18개의 갱도 진지의 아픔을 참아낸 이야기를 성산으로부터 들어보라. 섭지코지에서 범선의 모습을 한 성산과 우도를 바라보고, 현무암의

용암이 바라춤을 춘 오조리 해안을 걸으며 성산을 바라보라.

성산에 오르며 한라산과 수백 개의 오름을 품고 있는 제주 본섬의 모습이 보인다. 성산에 오르며 성산 아닌 것을 보고 나는 '야~ 성산 아름답다.' 라고 하는 것이다. 성산에서 바라보았으니 내 눈에 보이는 것은 모두 성산이다. 해 질 무렵 성산에 올랐다면 한라산과 오름 숲 사이로 지는 낙조의 모습을 바라보라. 성산에서 바라보았으니 성산낙조城山落照이다.

성산일출城山日出의 모습은 장엄하고, 성산낙조의 모습은 황홀하다. 해가 모습을 감추면 제주 본섬이 저녁노을에 발갛게 물들고 노을이 아스라이 어둠에 스며들면 제주 본섬이 하나둘 불을 밝힌다.

성산은 성산을 내려와야 성산이 보인다.

제주 섬 비경의 아름다움이 존재하는 게 아니라, 그 아름다움을 읽어내는 눈眼이 존재하는 것이다.

"가장 위대한 자연은 지금 자연을 바라보는 내 눈이다."

"내 눈이 가장 위대한 자연임을 알아야 자연이 보인다."

"이게 성산이다."

(사)질토래비 전문위원
세계자연유산 해설사 **고수향**